中公新書 1625

谷口克広著

織田信長合戦全録

桶狭間から本能寺まで

中央公論新社刊

はじめに

いまさらいうまでもなく、織田信長は日本の歴史の中に燦然《さんぜん》と輝いている人物である。そして、最も興味を持たれている歴史上の人物の一人でもある。

では、日本史の中に燦然と輝いている信長の、歴史の上での功績とは何だろうか。

途上で倒れたにせよ、群雄割拠の戦国時代を終息させ、日本の統一を成し遂げようとしたこと、また、中世の体制を変革して近世への幕を開いたこと。多少なりとも日本史の知識のある人なら、この二点をあげるにちがいない。

後者の「変革」については、信長は決して中世を否定するほどの新しい政策を打ち出してはいないとの見解もあり、彼の功績に対する評価は定着していない。しかし、前者としてあげた日本の統一事業については、信長の功績が歴史の上に光彩を放っていることを何人《なんぴと》たりとも否定できないであろう。

信長は尾張の半国程度の支配者から出発して、三十年後には日本の約半分の地域の統一を成し遂げた。せめてあと四、五年、彼が生命を長らえていたならば、現実には豊臣秀吉が完成させた全国統一の偉業は信長のものになっていたことはまちがいない。

信長はいろいろな意味で「天才」といわれている。合戦においても優れた才能があったからこそ、周囲の敵との戦いに勝利を重ねて、統一事業を進めることができたのである。日本の統一へ向かう戦いだから、信長の合戦は日本史の上に大きな意味を持つものが多いが、そればかりではなく、彼の合戦はドラマチックにとらえられがちであるという特徴がある。

信長が三十年間に行った合戦については、これまでたくさんの書物が出されてきた。一般向けの本が多いが、なかには質の高い著作もある。古くは高柳光壽氏の『戦国戦記』があり、近年に書かれたものの中にも、堂々たる歴史書と評価してよい高著がいくつかある。

ただこうした優れた業績も、残念ながら信長が行った合戦のうちの有名なもののみに絞られており、信長の合戦全体について書かれたものはほとんどない。雑誌記事の中に、辞典形式のものがいくつか見られるだけである。

本書は、三十年の間に信長が行った合戦を網羅的に紹介し、信長の戦略・戦術についても考察を加えた著述である。個々の合戦の深い考察よりも、信長がその生涯に行った合戦全体を紹介することに努めている。細かい考察に関しては先にあげた先学の高著には及びもつかないが、せめて読者が信長の合戦の基本的な参考書として役立てて下されば幸いである。それゆえ、桶《おけ》狭間《はざま》の戦い、姉川《あねがわ》の戦い、長篠《ながしの》の戦いのような代表的な合戦に関しては、意識的に戦いの経過と問題点を概説するにとどめている。これらの戦いについては先学による数多《あまた》の研究があるので、そちらを参照していただきたい。

目次

能　登
七尾
前田利家
佐久間盛政
佐々成政
魚津
春日山
上杉景勝
尾山
越　後
加　賀
越　中
富山
松倉
森長可
海津
飛　騨
上　野
桜洞
信　濃
遠藤慶隆
三木自綱
郡上八幡
福島
滝川一益
厩橋
美　濃
木曾義昌
織田信忠
尾張
飯田
河尻秀隆
府中
武　蔵
毛利長秀
甲　斐
北条氏直
三　河
徳川家康
相　模
駿　河
遠　江
駿府
小田原
浜松
伊　豆
上総
安房

本能寺の変直前の織田信長版図［天正10年(1582)5月現在］

序章　天正元年八月十三日

灯（ともしび）

天正元年（一五七三）八月十三日の深夜、信長は近江高月《おうみたかつき》の本陣で北方の闇を見つめていた。闇の中には、灯の群れがあった。

灯の群れは二カ所。右前方の山田山《やまだやま》の灯ははっきりと見える。もう一カ所は、ずっと離れて木ノ本《きのもと》・余呉《よご》のあたり。曇天の中に、ともすれば見失いそうになるほどかすかである。

「あの灯が動いたなら、即座に報告せよ」

彼が斥候《せっこう》の者にくどいぐらい念を押しているのは、その遠いほうの灯なのである。

信長は本陣の中に入って、しばしの休息をとった。

……………。

灯が動いた！

斥候の報告を受けた信長は、本陣を固めている馬廻《うままわり》たちにすぐに出陣の用意を命令した。主将の信長自ら陣頭に立ち、山田山のほうの灯に目をやった。こちらの灯は動かない。苛立ちながらも信長は、少しの間待った。だが、山田山の灯はまだ動かなかった。

「何度も言い含めておいたのに何たる油断……」

歯がみをしながら、ついに信長は馬廻たちに進撃を命じた。

八月十二日まで

話を一カ月ほど以前に戻して、そこからの信長の動きを追ってみよう。信長と将軍足利義昭《よしあき》との最後の戦いがあった。山城槙島《まきのしま》城（現京都府宇治市）に籠《こも》った義昭を信長の大軍は攻撃し、たちまちにこれを落とした。そして信長は、義昭を追放した。天正元年七月十八日のことである。

その後も、将軍の与党だった淀《よど》城（現京都市伏見区）の石成友通《いわなりともみち》たちを討つなど、信長はしばらく京都近辺にとどまっていた。京都を新しく任命した京都所司代村井貞勝《さだかつ》に任せ、岐阜城に戻ったのは、八月四日のことであった。

彼が居城にとどまっていたのもたった四日間だった。八日の夜、北近江から注進が入った。山本山《やまもとやま》城（現滋賀県東浅井《ひがしあざい》郡湖北町）の阿閉貞征《あつじさだゆき》父子が、浅井《あざい》氏を裏切って味方になったというのである。

阿閉氏は、浅井郡から伊香《いか》郡、さらに竹生《ちくぶ》島にかけて広く支配地を持つ有力な国人《こくじん》領主である。しかも彼の領地は、越前から通じている北国《ほっこく》街道を扼《やく》する位置にある。浅井氏の息の根を止めるチャンスと見た信長は、その日の夜中、出陣した。

十三年前、桶狭間《おけはざま》の戦いの時、小姓《こしょう》衆たった五騎だけを従わせて清須《きよす》城を駆け出して以来、信長は軍勢に先んじて出陣することが多い。進軍の途中で部将たちの到着を待ち、人数を整えるのである。

だが、この時は部将たちも、畿内での戦いに続いてじきに浅井攻めがあることを承知していたのだろう。ほとんど遅れることなく軍勢が集まった様子である。佐久間信盛《のぶもり》・柴田勝家《かついえ》・滝川一益《かずます》・羽柴秀吉・丹羽長秀《にわながひで》、そのほか美濃《みの》・近江の部将たち。信長は彼らを率いて近江に入り、そのまま北上して小谷城《おだに》（現東浅井郡湖北町）近辺まで進んだ。

浅井氏の小谷城に並んで、大嶽《おおずく》と呼ばれる山がある。標高四九五メートルで、三九〇メートルの峰に築かれた小谷城を見下ろす位置にある。小谷城にとってみれば、この大嶽の砦《とりで》は詰《つめ》の城（最後の拠点となる城）の役割を果たす。前年の対陣の時、朝倉軍はこの山に陣を張って信長の挑発にも乗らず、信長の軍が引き揚げるまでずっと動かなかった。山頂の砦には、朝倉の兵が五百ほど駐《とど》まっていた。

十日、信長は佐久間・柴田ら部将たちを、その大嶽の北方にそびえる山田山に着陣させた。山田山は標高五四〇メートル、大嶽よりさらに五〇メートルほども高い。高くて展望が利くだけでなく、越前から大嶽・小谷へ向かう通路を遮断する位置にある。そして信長自身は、その麓の高月（現伊香郡高月町）に本陣を布いた。

一方、朝倉義景《よしかげ》も、越前より北近江に出陣してきた。『朝倉記』によれば、家臣筆頭の朝倉景鏡《かげあきら》を派遣しようとしたが病気と断られ、やむなく自ら出陣することに決めた。そのほか魚住《うおずみ》景固《かげかた》にも従軍を拒否され、軍勢は少なかったという。だから、『信長公記《しんちょうこうき》』に「二万ばかり」とあるのは、かなり大袈裟な数字だろう。ほんの五、六千ほどだったのではないだろうか。

かなり少ない兵ながらも、去年と同じく大嶽に上ってじっと耐えていれば、そのうち信長は囲みを解いて岐阜に戻るだろう、義景の思惑はこんなところだったと推測できる。近江に入った朝倉軍は、まず余呉（現伊香郡余呉町）・木ノ本・田部山《たべやま》（ともに現同郡木之本町）に陣を布いた。

だが、この前後に、浅井方では裏切りが相次いだ。阿閉の山本山城の離反が大きく響いたのだろう。阿閉の裏切りを知った浅井長政《ながまさ》は、人質に出されていた十歳の子を処刑したのだが、こうした制裁ではもはや国衆《くにしゅう》たちの忠誠を繋《つな》ぎ止めることができなくなっていたのである。

まず、山本山城に続いて、月ケ瀬城（現東浅井郡虎姫《とらひめ》町）が開城した。この城は、羽柴秀吉の兵が守る虎御前山砦《とらごぜやま》（現同上）の南方約二キロメートルに位置する、浅井氏にとって最南の城である。さらに十二日になって、大嶽の麓にある焼尾《やけお》城の浅見対馬《つしま》が信長に降《くだ》った。焼尾城には織田の兵が入れられた。

十二日の夜は大雨だった。信長は、この大雨をついて大嶽砦の奪取を企てる。一緒にいた嫡男信忠《のぶただ》を虎御前山砦に送って押さえとし、自ら馬廻衆を率いて、攻め上ったのである。大嶽砦を守っていた朝倉の兵はわずか五百にすぎなかった。信長の軍勢が攻め寄せると、たいした抵抗もせずに降参してしまった。

朝倉軍が小谷救援の根拠地にしていた大嶽を占領した信長は、ここで一つの作戦を思い付くのである。

八月十三日

外は猛烈な風雨。大嶽から五キロメートル以上も離れた木ノ本付近にある朝倉陣では、大嶽が落とされたことに気付いてはいないだろう。それでは義景にそのことを知らせ、もうすでに小谷城近辺には朝倉軍の拠って立つ場所がないことをわからせてやる。こう考えた信長は、砦の守将の命は取らず、わざと朝倉の本陣へ解き放つのである。

朝倉義景というのは、いちかばちかの決戦などとうていできない大将である。信長は、三年前の志賀《しが》の陣、昨年の小谷対陣で、そのことをよく知っていた。大嶽が占領されて安全地帯がないと知ったなら、小谷城救援はあきらめて越前に軍を返すにちがいない。そのチャンスをとらえて追撃すれば、まちがいなく大勝利である。あるいは、追撃の勢いを駆って一気に越前まで攻め入ることができるかもしれない。信長は、敵将義景の性格までを読み取ってこうした作戦を立てたのである。

大嶽・小谷山の麓に、丁野《よおの》山城《やま》（現東浅井郡湖北町）があった。大嶽の本陣の最前線として、朝倉の兵が守っていた。信長はここをも簡単に落とし、やはり敵将の命を助けて追い払った。小谷近辺の朝倉の拠点は完全になくなった。

ここで信長は、山田山に着陣している佐久間・柴田をはじめとする諸将たちに指令する。十三日の夜、必ず朝倉軍は木ノ本近辺の本陣を払って越前に退却する。その動きをとらえたら、すぐに追撃するように。

この指令は、二度も三度も行われたという。それだけ信長には確信があった。ただ、山田山から朝倉本陣までは約五キロメートル、敵が退却を始めたなら、すぐに追撃体制をつくらなければならない。そうした気負いがくどいほどの催促になったのだろう。

信長が予想していた通り、十三日夜中に朝倉軍は退却を始めた。しかし、何度も繰り返された指令にもかかわらず半信半疑だった部将たちは、敵の動きを見逃してしまった。なかなか動こうとしない山田山の陣を見て、信長は苛立った。ついにたまりかねて、馬廻だけを率いて越前衆を追うのである。

信長自身が動いたのを見て、部将たちも敵の退陣に気が付いた。我先にと山田山を下り、信長を追いかける。木ノ本の近くの地蔵山を越したあたりでようやく追いつくことができた。

「何度も言い含めておいたのに何たる油断……」

信長は到着した部将たちを並べて叱りつけた。柴田・丹羽・羽柴ら並み居る部将たちが平伏するなか、ただ一人佐久間信盛だけが抗弁した。

「そうおっしゃっても、私ほどの者は家臣として持つことはできないでしょう」

いろいろと抗弁した中での言葉なのだろうが、ここだけを聞くと、たしかに思い上がった一言である。この言葉が信長の怒りに油を注いだ。

「お前は自分の器量を自慢するのか。何ゆえの自慢か。片腹痛いわ」

このいさかいが七年も後に、佐久間追放の一因になるのだが、そのことについてはこれ以上触れないでおこう。今、追撃戦の真っ最中、信長も家臣たちも苛立っているのである。次から次へと敵の首を持って本陣へ持参する兵が跡を絶たない。そうした場面なのである。

織田軍の朝倉軍追撃は続く。朝倉軍の退路は、二つに分かれた。椿坂《つばきさか》を通って中河内《なかのかわち》（とも に現余呉町）経由で越前へ抜ける右の道と、愛発関《あらちのせき》（越前国敦賀《つるが》郡と近江国の国境付近）から刀《と》根《ね》を通る左の道である。追撃を続けている織田軍は戸惑った。どちらを追うべきか。信長はすぐに決断を下す。

「左を追え。左には疋壇《ひきた》城・敦賀城がある。敵は味方の城を目指して逃げたはずだ」

信長の言う通りだった。右の道に逃れたのは雑兵《ぞうひょう》ばかり、大将の義景をはじめ、名のある武将たちはすべて左の道を選んで走っていた。織田軍は刀《と》禰《ね》坂あたりでついに朝倉軍主力に追いついた。

この戦いの最大の激戦は、まさにこの地で行われた。激戦とはいっても、朝倉軍はこの場を逃れようとするだけ。織田軍の一方的な攻勢である。朝倉景氏・同景冬・同景遐《かげとお》・同景行・同道景といった朝倉一族の歴々、山崎吉家・鳥居景近・詫美《たくみ》越後守・青木隼人佑《はやとのすけ》・印牧《かねまき》弥六左衛門などなど、その名を近国に知られた武士たちが大勢この場で討ち死にした。この戦いで討ち取った敵は、信長の書状では三千余、信忠（当時、信重）の書状には二千余とある（『本願寺文書』『小川文書』）。二千、三千というのは大袈裟にしても、これだけの歴々の武士が戦死したのだから、一千は下らなかったのだろう。

信長はその勢いでたちまち敦賀城を落とし、一気に木《き》ノ芽《め》峠を越す。三年前に浅井長政の裏切りにより、ついに越すことのできなかった峠である。木ノ芽峠を越した織田軍は、朝倉氏の本拠一乗谷《いちじょうだに》城（現福井市）を占拠する。義景は大野郡まで逃れていたが、二十日、朝倉景鏡の裏切りにより自殺に追い込まれる。越前守護として五代続いた朝倉氏の滅亡であった。

近江に軍を返した信長は、次に小谷城を囲む。朝倉氏の救援ももはや期待できず、また、支城もことごとく落とされた小谷城は裸同然であった。織田軍が攻め上る中で、二十八日に長政の父久政《ひさまさ》自殺、九月一日に長政も自殺し、ここに浅井氏も滅びた。

八月十三日の朝倉軍追撃戦。この数時間の戦いが、いわば三年間にわたって信長を苦しめた朝倉・浅井氏との戦いに決着をつけたといってよいだろう。

第一章　信長の軍団

一、軍団を構成する家臣たち

部将と与力

序章では、天正元年（一五七三）八月十三日の夜に行われた信長の朝倉軍追撃戦を、主に『信長公記』をもとにしながらドキュメント風に再現してみた。この戦いを冒頭に取り上げた理由の一つは、信長の軍団について語る格好の材料がいろいろと含まれているからである。

まず、北近江に進軍した織田軍は、二つに分かれて行動する。部将たちの軍と信長自ら率いる軍である。部将たちの軍は山田山に陣取って、追撃戦が始まるまで動かない。それに対して信長の軍は、焼尾城占領、大嶽《おおずく》砦攻略、丁野山《よおのやま》城攻略と目まぐるしく活動する。『信長公記』に部将たちの軍を「先手《さきて》に差し向け候衆」とあるから、部署としては彼らの軍は先鋒《せんぽう》としての役割を担っていたのである。

では、部将たちの軍、信長自身の軍それぞれは、どのように構成されていたのだろうか。まず部将たちの軍に属する者は、『信長公記』によると次の通りである。

佐久間信盛・柴田勝家・滝川一益・蜂屋頼隆《はちやよりたか》・羽柴秀吉・丹羽長秀・氏家直通《うじいえなおみち》・安藤守就《もりなり》・稲葉良通《よしみち》（一鉄）・同貞通・同彦六・蒲生賢秀《がもうかたひで》・同賦秀《ますひで》（後の氏郷《うじさと》）・永原重康《しげやす》・進藤賢盛《かたもり》・永

- 佐久間信盛
  - 永原重康
  - 進藤賢盛
  - 山岡景隆・景宗・景猶
- 柴田勝家
  - 蒲生賢秀・賦秀
  - 永田景弘
- 滝川一益
- 蜂屋頼隆
- 羽柴秀吉
  - 久徳左近兵衛
  - 阿閉貞征・貞大
- 丹羽長秀
  - 多賀常則
- 美濃三人衆　（氏家直通、安藤守就、稲葉良通・貞通・彦六）

田景弘《かげひろ》・多賀常則《つねのり》・弓徳《きゅうとく》（久徳）左近《さこん》・阿閉貞征・同貞大《さだひろ》・山岡景隆・同景宗・同景猶《かげなお》。

二十三人の名がただ列記されているだけだが、彼らの身分は決して同格ではない。一隊の指揮官と、それに従う与力《よりき》が一緒に記されているのである。

佐久間から丹羽までの六人は、一隊を率いる部将である。信長の尾張一国時代からずっと活躍してきた者たちで、いわば織田軍の柱石といってよい。

氏家・安藤・稲葉は、美濃三人衆、美濃斎藤氏の旧臣である。信長の稲葉《いなば》山《やま》城攻略の時に信長に降《くだ》った。前記の六人ほど織田軍の中での実績はないが、譜代に準ずる地位を認められた部将たちである。

蒲生以下は近江衆、それぞれ六角《ろっかく》氏あるいは浅井氏の家臣だった者、つまり信長の上洛の時、あるいはそれ以後に降った国衆《くにしゅう》たちである。蒲生・永原・進藤・山岡などはおそらく一千を超す兵を持っており、その身上は堂々たる部将といってよい。しかし信長は元亀《げんき》年間（一五七〇〜七三）、彼ら近江衆を尾張以来の部将たちの「与力」として付属させた。だから彼らは、その部将の指揮に従って動くことになる。

先にあげた『信長公記』に載せられた面々の軍は、前図の通りに構成されていたものと推測できる。

馬廻たち

さて、もう一つの、信長が直接指揮をとる軍を構成していたのは、どのようなメンバーだったのだろうか。『信長公記』には交名《きょうみょう》（人名を列挙した目録）が見られないが、『甫庵信長記《ほあんしんちょうき》』や『当代記《とうだいき》』には記されている。

『甫庵信長記』は、江戸時代初期に小瀬《おぜ》甫庵が『信長公記』をわざわざ儒学の立場から改竄《かいざん》して史料価値を落としてしまったものだし、『当代記』も、江戸時代のところは一級史料といえるものの、信長の頃の記事に関しては決してそのまま使えるほどの史料価値はない。だが、この両書に載せられた交名に関しては、『信長公記』と矛盾することなく、むしろそれを補っている感さえある。

そこには、次の名があげられている。

前田利家《としいえ》・佐々成政《さっさなりまさ》・戸田勝成《かつしげ》・下方貞清《しもかたさだきよ》・岡田重善《しげよし》・同重孝《しげたか》・赤座永兼《あかざながかね》・高木左吉《さきち》・福富《ふくずみ》秀勝・湯浅直宗《なおむね》・土肥《どひ》助次郎・織田順元《のぶもと》。彼らは、信長の本陣を固める「馬廻《うままわり》」たちなのである。この戦いに参加した馬廻としては、これらの顔ぶれのほか塚本小大膳《こだいぜん》・不破《ふわ》光治《みつはる》・同直光（光治の子）・丸毛《まるも》光兼《みつかね》・同兼利（光兼の子）・兼松正吉《かねまつまさよし》の名が『信長公記』に見られる。

同じく信長の本陣を固める馬廻ではあっても、その分限《ぶげん》（身分の程度）には著しい差がある。例えば、この顔ぶれの中でも、前田利家や佐々成政といったところは、百人以上の兵を従える身分である。百人、二百人では独立した一軍を組織するのは無理なので、信長本陣を固める役を担っているわけである。それに対して、兼松正吉とか土肥助次郎などは一騎駆けの武士。つまり二、三人の従者を従えて、直接敵と斬り結ぶ軽輩の身分である。

当時の信長家臣団組織

信長の近臣は馬廻ばかりではない。平時・戦時を問わず信長の側には「小姓《こしょう》」と呼ばれる者たちが付いている。

信長の小姓といえば、森蘭丸《もりらんまる》がすぐに連想されるだろう。そして、蘭丸のような少年たちばかりと思われがちだが、二十歳を越した小姓も珍しくない。彼らは、日常は信長の身の回りの世話を任務とし、いざ戦いという時も、馬廻とともに信長の近辺を固める役割を果たす。

また、信長の家臣には、戦場での槍働きとは無縁で、政務をもっぱらにする奉行衆たち、書記を務める右筆《ゆうひつ》なども含まれている。彼らは吏僚として一括しよう。小姓・吏僚をも含めて、当時の信長の家臣団の指揮系統を図示すると右のようになる。

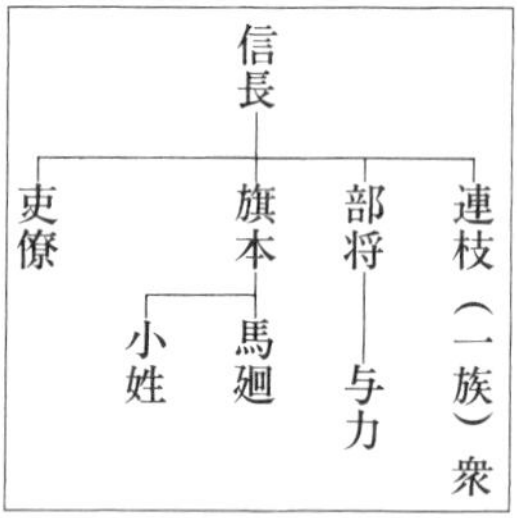

二、信長の親衛隊

信長の育成した馬廻と小姓

信長の父信秀《のぶひで》が没した時については諸説あるが、『定光寺《じょうこうじ》文書』（愛知県瀬戸市）の「年代記」にある天文《てんぶん》二十一年（一五五二）というのが正しいだろう。この時信長は十九歳であった。

まだ若くて、おまけに「うつけ」者という評判で、これまで父に従っていた尾張の国衆たち、それに織田一族の者まで次々と離れてゆくのである。

まず鳴海《なるみ》城主の山口教継《のりつぐ》父子が今川義元《よしもと》に通じた。続いて、守護《しゅご》を擁する清須城でも、守護代織田彦五郎と家宰《かさい》の坂井大膳《だいぜん》が信長を離れた。信秀はその器量で、国衆のみならず守護代までを意のままに動かしてきたのだが、跡取りの信長にはとてもその器量はない、と見限られたわけである。

それどころか近親でさえも、新しい家督の信長に服従した者は少ない。叔父の信光、異母兄の秀俊（安房守《あわのかみ》）は、表面は信長に協力的だが、二人とも野心家だけに、場合によっては強力な敵にもなってしまいそうな者たちである。すぐ下の弟信勝《のぶかつ》（一般には信行《のぶゆき》）も、筆頭家老の林秀貞《ひでさだ》たちにかつがれて、兄に取って代わろうという動きがあった。

従属していた国衆たちが背いたばかりでなく、譜代の老臣たち、そして近親までもが新しい当主を盛り立てようという気持ちがない。これは、まさに滅びゆく戦国大名のパターンである。

だが信長は、彼らの心を繋《つな》ぎ止めようという努力はしなかった。その代わり、自分の手足となって働く親衛隊を育成するのである。尾張の国人や土豪クラスの家の二男以下の者たち、それに自ら目をかけて取り立てた新しい家臣、彼らを近臣、つまり馬廻や小姓に抜擢して、平時から自分の周囲を固めさせたのである。

親衛隊の活躍

信長の育成した親衛隊は、その後のいくさで大活躍を見せる。まず弘治《こうじ》二年（一五五六）八月にあった稲生《いのう》の戦いを見よう。いくさのいきさつと詳しい展開については第二章にゆずるが、信長の親衛隊の活躍ぶりについてのみ述べておきたい。

敵の林美作守《みまさかのかみ》の兵は七百、柴田勝家の兵は一千。それに対する信長の兵はたった七百だった。しかし信長の率いていた七百の半分ほどは、信長自身が育成し、彼の命令通りに手足のように動く親衛隊だったのである。

戦いが始まるや、彼らは柴田の軍にまっしぐらに突進する。それを突き崩すやすぐさま林の軍に向かう。この機動力に敵はたちまちに崩れ立った。兵数において劣る信長の完勝で戦いは終わった。

永禄《えいろく》三年（一五六〇）五月の桶狭間の戦いも、信長の馬廻の機動力が発揮された戦いである。最も信頼できる『信長公記』の記事を見ると、今川の前衛部隊を撃破して本陣へと突進した織田軍の中には、部将はだれ一人いない。すべて馬廻と小姓なのである。

この時の織田軍は二千ほどというから、部将の兵も含まれていたにちがいない。だが、先頭をきって進んだのは、信長が直接率いる者たちだった。敵の大将今川義元に肉薄し、首級をあげたのも、馬廻の服部一忠《はっとりかずただ》と毛利良勝《よしかつ》だった。

最後に、序章で述べた朝倉軍追撃戦での馬廻の活躍。朝倉軍の退却を見逃してしまった部将たちに先んじて、彼らは追撃戦を敢行する。そして部将たちが追いつく前に、朝倉軍の最後尾と戦いを展開している。

この通り、信長の戦い、特に前半生の戦いにおいては、馬廻や小姓の活躍ぶりが目立つ。彼らは信長が育成した強力な親衛隊だったのである。

三、能力によって抜擢された部将たち

尾張一国時代の部将

総大将信長のもとにあって、部隊の指揮官を務めるのが部将である。有力部将になれば、戦いの時に全軍の両翼を固めたり、先鋒を務めたり、殿軍《しんがり》を受け持ったり、重要な役割を果たす。支城や砦の守将を務めることもある。馬廻より大身で、地位も上位にあると見なしてよい。

信長の幼少時、父の信秀は彼に那古野《なごや》城を与えて、四人の家老を付属させた。四人の家老とは、林秀貞・平手《ひらて》政秀《まさひで》・青山与三左衛門《よそうざえもん》・内藤勝介《しょうすけ》である。彼らはもともと、尾張内にかなりの広さの領地を持ち、土豪層を家臣あるいは与力として従えた国人領主であった。信長の軍編成の中では部将に属する。

だがこの四人の中で、永禄三年（一五六〇）の桶狭間の戦いの頃まで生き残っていたことが確実なのは、林だけである。青山は天文十三年（一五四四）の稲葉山城攻めの時に戦死してしまうし、平手は、信長の素行を諌《いさ》めるためといわれているが、信長が家督を襲ってまもなくの天文二十二年に切腹して果てる。内藤は、生きていたのか死んでしまったのか、史料に現われなくなる。

信秀の葬儀の時には、家老としてこの四人が信長の伴《とも》をした、との記載が『信長公記』にある。青山については、与三左衛門の嗣子《しし》が家老の職を継いでいたのだろう。また、信長の弟信勝（信行）の伴の中には、柴田勝家・佐久間大学（盛重）・佐久間次右衛門の名が見られる。当時は末森《すえもり》城の信勝の家老だった柴田と佐久間一族だが、後には信長の家臣となり、家老並みに優遇される。逆にもとからの家老だった青山・内藤は、まったく表面に現われなくなってしまう。信長は織田家を継ぎ、反意のあった信勝を滅ぼした後、家老＝部将の面々も大きく入れ替えた様子である。

桶狭間の戦いの時、佐久間一族の大学は丸根《まるね》砦、信盛は善照寺《ぜんしょうじ》砦のそれぞれ守将を務めている。佐久間一族は、愛知郡の山崎・名塚《なづか》・五器所《ごきそ》に広く根を張った国人クラスの出身である。

柴田勝家は、この四年前の弘治二年（一五五六）にあった稲生の戦いの時、信勝の代理として一千もの兵を指揮している。すでに堂々たる部将だったのである。彼は愛知郡上社《かみやしろ》村の出身というが、父の名さえ伝わらない。国人というよりも土豪クラスの家だったのかもしれない。

桶狭間の戦いの頃、信長の部将を務めていたのは、林秀貞・佐久間大学・佐久間信盛・柴田勝家といった主に尾張の国人クラスの家の出身者だった。彼らの中でも佐久間信盛と柴田勝家は、部将の両翼として尾張一国時代の信長軍を支える存在になる。

部将層の拡大

桶狭間の戦い以後、三河の松平元康《もとやす》（徳川家康）と清須城で同盟を結んだ信長は、次の目標に美濃の攻略を置いた。そして、永禄十年（一五六七）に稲葉山城を落とすことにより、その目標は成し遂げられた。

この美濃攻略の過程で、信長の軍団は拡大し、何人かの者が部将格に出世する。丹羽長秀・木下秀吉・森可成《よしなり》・坂井政尚《まさひさ》・蜂屋頼隆がそれに該当する。

さらに、氏家直元《なおもと》（卜全《ぼくぜん》）・稲葉良通（一鉄）・安藤守就の美濃三人衆をはじめとする有力な美濃衆が部将として信長軍団に加わることになる。

美濃攻略の翌年、信長は上洛して京都と畿内の政務を執り行うことになる。この時、信長の部将たちも、吏僚や幕府の奉行衆に混じって京都・畿内の行政にたずさわっている。その部将たちの顔ぶれは次の九人である。

柴田勝家・佐久間信盛・森可成・坂井政尚・蜂屋頼隆・丹羽長秀・木下秀吉・明智光秀・中川重政《しげまさ》。

明智は、信長の上洛直前に信長の家臣となった新参である。中川は織田一族で、これまで馬廻だった者である。上洛を機にこの二人が抜擢されたわけである。この九人に加えて、ずっと北伊勢に置かれている滝川一益を加えた十人が、当時の信長の代表的部将の地位にあった、と考えてよい。

十人のうち、森・坂井・蜂屋・明智は美濃出身、滝川は近江出身、木下は下賤《げせん》の身からの叩き上げである。いずれも、能力至上主義者である信長のめがねにかなって引き上げられた有能な人材なのである。

四、宿将たちの軍団の形成

元亀年間の近江の支配体制

先にあげた信長の代表的部将を、とりあえず「宿将《しゆくしよう》」と呼ぶことにしよう。詳しい経緯については第二章第二節―一で述べるが、元亀元年(一五七〇)から二年にかけて、信長は琵琶湖の周囲に宿将を配置するという体制をつくり上げる。

琵琶湖西南から湖東へたどると、次の顔ぶれである。

森可成（宇佐山《うさやま》）　→　明智光秀（坂本〔ともに現滋賀県大津市〕）
佐久間信盛（永原《ながはら》〔現野洲郡野洲町〕）
柴田勝家（長光寺《ちょうこうじ》〔現近江八幡市〕）
中川重政（安土《あづち》〔現蒲生《がもう》郡安土町〕）
丹羽長秀（佐和山《さわやま》〔現彦根市〕）
木下秀吉（横山《よこやま》〔現長浜市〕）

はじめは、浅井氏と六角氏の手から岐阜—京都間の通路を確保するという目的にすぎなかったこの体制だが、やがて近江の国衆が各宿将の与力として付属され、近江平定のための軍事体制に発展する。さらに郡単位の支配権が各宿将に与えられ、この体制は近江支配体制として定着する。

後に信長は、領国の拡大に伴って「方面軍」と呼ぶべき大軍団を四方に配置するが、その原型は、この元亀年間の近江支配体制に見られるのである。

七つの方面軍

信長の領国が拡大し、四方の敵と領国を接するようになると、軍を分散させてそれぞれの敵と戦う体制が必要になる。だが、武田・上杉・本願寺・毛利など、どれをとっても大戦力を持った強敵である。そのような強敵と戦うには、彼らと同等の戦力を持つ軍団を配置しなくてはならない。信長は宿将たちを各方面に封じ、万単位の兵力を持つ軍団を指揮させるのである。このような軍団を「方面軍」と呼ぶことは、今かなり定着している。方面軍の司令官は、信長軍の部将にとって究極の地位といってよい。

最初の方面軍というべき大軍団は、信長の嫡男信忠の軍団である。天正元年（一五七三）信忠は、尾張の一部と東美濃の支配権を譲られ、その地の武士を統率することになる。この信忠軍団の任務は、その頃しきりに東美濃をうかがっていた武田氏に対する押さえであった。軍団に属している河尻秀隆《かわじりひでたか》は神篦城《こうの》（現岐阜県瑞浪市《みずなみ》）、同じく池田恒興《つねおき》は小里城《おり》（現同上）に置かれ、武田の最前線である岩村城《いわむら》（現岐阜県恵那《えな》郡岩村町）に備えている。

次に方面軍司令官の地位を獲得したのは、信長軍団の両翼ともいうべき柴田勝家と佐久間信盛であった。柴田は越前に封じられ、佐々成政・前田利家ら越前に置かれた部将たちを与力として従え、加賀一向一揆の平定に乗り出す。佐久間は七ヵ国にわたる武士を与力として石山本願寺包囲戦の主将を務める。どちらも天正四年（一五七六）のことである。

その後、丹波・丹後を平定した明智光秀、播磨《はりま》の平定を終えて毛利氏との対決に入った羽柴秀吉、いずれも数ヵ国にわたる大軍団の統率者となる。両者とも方面軍の司令官に出世したといってよい。代わりに佐久間は、本願寺との戦いの終了とともに追放され、軍団も消滅した。

信長最期の年となった天正十年の春、信忠軍団によって武田氏は滅亡した。信長は占領地の上野《こうずけ》（群馬県）に滝川一益を封じ、北条氏や奥羽の戦国大名の支配を担当させた。さらに五月には、三男の神戸《かんべ》信孝《のぶたか》に讃岐《さぬき》（香川県）を与え、長宗我部《ちょうそかべ》氏の討伐を命じた。これらは本能寺の変によって本来の任務は果たせなかったけれど、方面軍が編成されたものと見なしてよい。

それぞれの方面軍は、一般に次のように呼ばれている。北陸方面軍（司令官柴田勝家）、近畿管領《かんれい》軍（畿内遊撃軍、司令官明智光秀）、中国方面軍（司令官羽柴秀吉）、関東管領軍（司令官滝川一益）、四国方面軍（司令官神戸信孝）。これら五つの方面軍が本能寺の変直前に存在したわけである。それに消滅してしまった武田方面軍（司令官信忠）、大坂方面軍（司令官佐久間信盛）を加えると、信長は延べ七つの方面軍を編成したことになる。

遊撃軍

方面軍は原則として、一方面に固定された一万を超す兵力を持った大軍団と定義してよい。だがそのほかに、部署が定まらず、あちこちでの戦いに加勢する軍団がある。このような軍団は、「遊撃軍」と呼ぶことにしよう。

遊撃軍は、せいぜい数千程度の兵力なので、単独で戦いに臨むということは少ない。信長自身が指揮する軍に所属するか、方面軍を応援するのがふつうである。

例えば天正三年(一五七五)から八年頃までの明智光秀。彼は丹波方面に派遣されたが、その後も丹波平定戦に合わせて大坂・紀伊雑賀《さいか》・大和《やまと》・播磨など他方面でも戦っている。典型的な遊撃軍といえる。

丹羽長秀・蜂屋頼隆は、信長の部将としては最後まで遊撃軍の司令官としてとどまった。元亀年間(一五七〇~七三)までは柴田・佐久間らと並行して出世してきた二人だったが、丹羽は若狭《わかさ》、蜂屋は和泉《いずみ》といった小国の支配者で頭打ちになってしまった。そのほか、摂津に封じられて摂津衆を率いる立場となった池田恒興、織田水軍の指揮官九鬼嘉隆《くきよしたか》も遊撃軍の司令官といってよいだろう。

「方面軍」「遊撃軍」と分類したが、当時からそうした呼び方があったわけではないし、その定義にはかなり曖昧《あいまい》なところがある、ということを最後に述べておきたい。

例えば羽柴秀吉は、天正五年(一五七七)に播磨の平定を任されて入国する。別所氏を滅ぼして播磨が平定されるまでは、筆者は彼の軍団を方面軍とは見なしていない。だが、この間、秀吉の軍団は播磨に固定されており、「播磨方面軍」と呼んだほうがむしろ自然である。

逆に、佐久間信盛の「大坂方面軍」は、本願寺を囲みながらも、雑賀・大和・播磨方面での戦いにも駆り出されている。大坂に固定されていないのである。だが、筆者は、これを方面軍と見なしている。

つまり、「方面軍」と「遊撃軍」とを分類するポイントは、軍の役割が固定しているか否かということよりもむしろ、軍団の規模によるのである。ここで「方面軍」と呼ぶのは、単独で一方面の敵と戦えるほどの規模を持った大軍団を指すのである。

旗本部将について

佐久間信盛を追放した天正八年（一五八〇）頃より、信長は近江の直接支配を進める。かつては宿将の与力の立場だった近江衆は、宿将が方面軍司令官に出世したり、あるいは追放されたりして近江を離れていくと、信長に直属する形となる。柴田の与力だった蒲生・永田、佐久間の与力だった進藤・青地・山岡・池田、羽柴の与力だった久徳・阿閉などがそれである。天正九年、十年の正月十五日に安土で行われた爆竹《さぎっちょう》（左義長《さぎちょう》）の時、彼らは「江州衆《ごうしゅうしゅう》」と呼ばれ、信長のもとにまとまって行動している。彼らは近江の在地に住んでおり、安土居住の義務を負っていないから、馬廻とはちがう。また、それぞれを一個の遊撃軍団と見なすほどの兵力はない。ここでは彼らを「旗本部将」と呼んでおきたい。

信長は、その晩年、近江とその近辺を直接掌握するという構想を持っていたと筆者は考える（拙著『信長の親衛隊』第II部―五）。その時、信長の旗本の中核となるのが、彼ら近江衆、それに美濃衆でありながら信忠軍団に属していない稲葉・氏家などではなかっただろうか。

本能寺の変直前の信長軍団

天正十年（一五八二）六月二日、信長は本能寺で倒れる。その直前の信長の軍団組織は、どのように編成されていたのであろうか。次に図示してみよう。

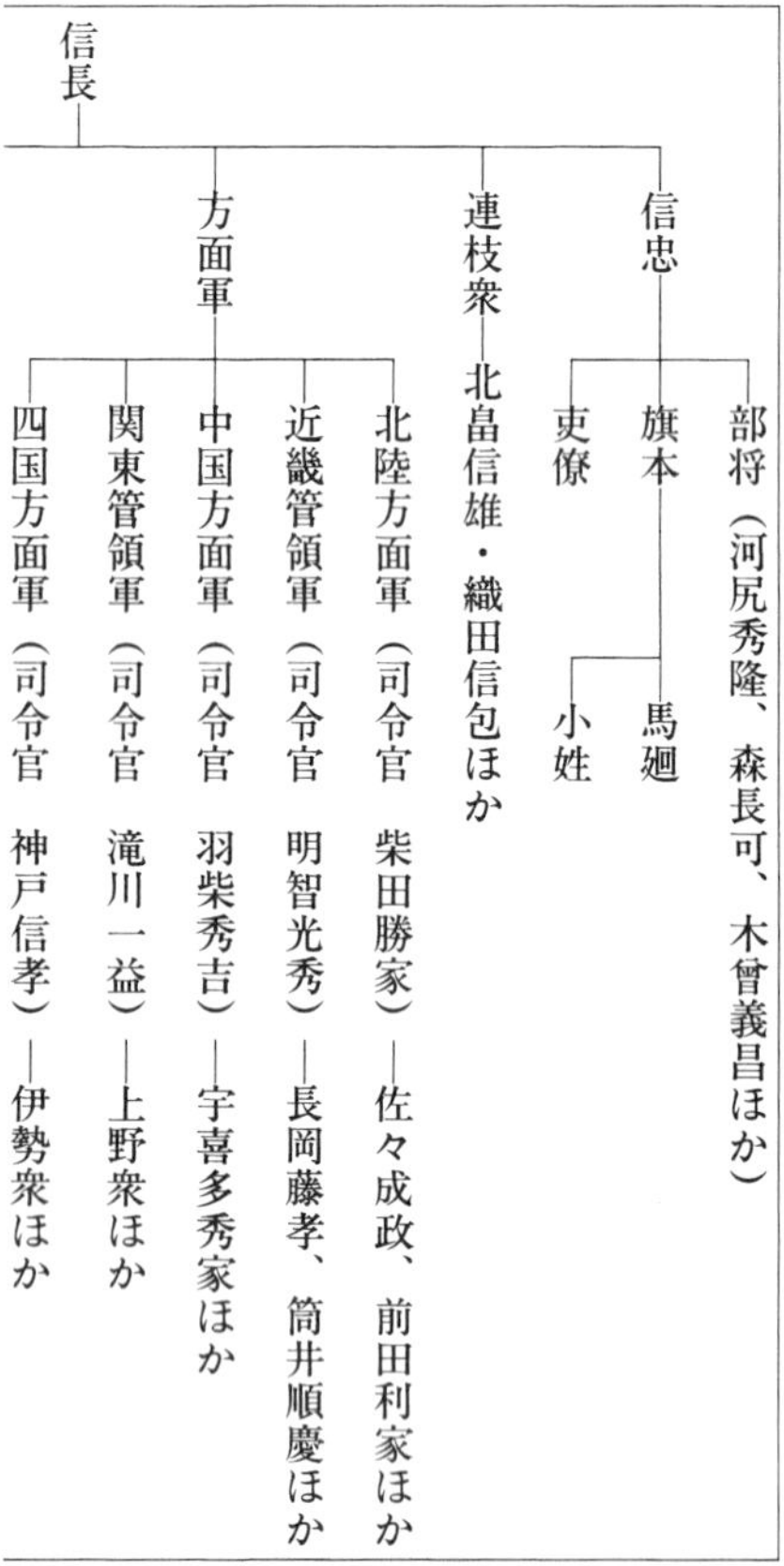

- 遊撃軍―丹羽長秀、蜂屋頼隆、池田恒興、九鬼嘉隆ほか
- 旗本
  - 旗本部将（稲葉良通、氏家直通、蒲生賢秀ほか）
  - 馬廻（菅屋長頼、堀秀政、福富秀勝、長谷川秀一ほか）
  - 小姓（森成利ほか）
  - 弓衆（平井久右衛門、中野一安ほか）
  - 鉄砲衆
- 吏僚
  - 京都所司代（村井貞勝）
  - 堺代官（松井友閑）
  - その他の代官
  - 奉行衆
  - 右筆
  - 同朋衆
- 外様衆―細川信良、三木自綱ほか

第二章　信長の合戦

ここからの第二章は、信長の生涯の合戦を取り上げることになる。年次を追って記述するという方法もあるが、あえてテーマを掲げて括ってみた。そのほうが信長の統一戦の進行がわかりやすいと思うからである。したがって、記述の順序が年代と前後するところがしばしばあることを承知してほしい。

また統一戦の後期、この章の第四節以降は、四方の敵に対して方面軍と呼ぶべき大軍団を配置し、軍団長に総指揮を委ねて敵と対峙するという戦いになる。その時期に信長は、同時多発的な戦線に対応していたのであり、その時の戦いを一つ一つ記すと、それまで以上に順序が入り乱れてしまうのもやむを得ない。そうしたことも承知した上で、この章の叙述に触れてほしいと思う。

第一節　上洛への道

一、尾張一国制覇へ向けて

赤塚の戦い

尾張守護代の三奉行の身分から、尾張随一の実力者にのし上がっていた織田信秀が死んだ。天文二十一年（一五五二）三月三日のこと、まだ四十二歳の壮年だった。跡を継いだのは、三男ながら嫡出である信長。十九歳の若者である。

若いとはいえ、ふつうの十九歳ならばさほど心配することはない。だが彼は、普段から奇矯な振る舞いが多く、世間では「大うつけ」呼ばわりされている。せっかく信定《のぶさだ》・信秀二代によって繁栄した織田弾正忠家《だんじょうのじょうけ》が、無能な三代目によって衰亡してしまうだろう、周囲はそのような予感とともに信秀の死を見送ったにちがいない。

当時の尾張国（愛知県西部）内と周辺の情勢はどんなだったか。上《かみ》四郡（葉栗《はぐり》・丹羽《にわ》・中島《なかしま》・春日井《かすがい》）守護代織田信安《のぶやす》、下《しも》四郡（愛知・海東《かいとう》・海西《かいさい》・知多《ちた》）守護代織田彦五郎、犬山《いぬやま》（現犬山市）の織田信清《のぶきよ》、そのほか尾張の有力国衆《くにしゅう》は、信秀の時代には、彼とことを構えていない。しかし、それも信秀の器量があってこそである。

北方の美濃（岐阜県）斎藤道三《どうさん》とは、信長の正室に道三の娘を迎えることにより、一時的にせよ同盟が成立している。だが東方は、三河《みかわ》（愛知県南東部）を実質的にその支配下に置き、さらに尾張との境目で攻勢に出ている今川義元《よしもと》のため、押されがちな情勢であった。

さて、信長は織田家の家督になったものの、これまで通り那古野《なごや》城（現名古屋市中区）に住んだ。そして、信秀の最後の居城だった末森《すえもり》城（現千種《ちくさ》区）は、やはり嫡出である信長の弟信勝（信行）が相続した。

家中の予感は現実のものとなった。信長が織田弾正忠家を継いだわずか一カ月後、鳴海《なるみ》城（現緑区）城主の山口教継《のりつぐ》が信長に背いた。今川氏に通じて、応援の兵を招き入れたのである。息子の九郎二郎を鳴海城将として入れ置き、笠寺《かさでら》（現南区）に砦を構え

尾張・美濃要図

て今川の五人の将を置いた。そして自分は、中村に築いた砦の守備を固めた。

四月十七日、信長は鳴海城に向かって出陣、古《こ》鳴海《なるみ》の三の山に着陣する。八百ほどの人数だった。それに対して、九郎二郎は千五百ほどの兵を連れて鳴海城を出陣した。信長もそれを見て三の山から動いた。

両軍は、赤塚《あかつか》の地で衝突した。入り乱れた接近戦になった。矢に射られて落馬した者をめぐって、両方から引っ張り合うといった光景も見られたという。山口の兵もつい最近まで織田家に従っていた者たちである。お互い顔見知りが多かった。それでも容赦なく戦い、信長方だけでも三十人が討ち死にした。生け捕りになった者も大勢いたが、そこは知り合った間柄、最後に捕虜同士の交換が行われた。それだけでなく、敵陣に逃げた馬をも返し合ったという。

巳《み》の刻（午前十時）から午《うま》の刻（正午）まで戦ったが、結局勝負はつかず、信長も九郎二郎も軍を返した。

萱津の戦い・成願寺の戦い、清須城乗っ取り

清須《きよす》城（現西春日井郡清洲町）は守護の居城である。守護斯波《しば》義統《よしむね》も守護代織田彦五郎も、当時はもう実力を失い、実権は守護代家の家宰《かさい》坂井大膳が握っていた。信秀は、こうした清須衆を守護ごと掌握していたのだが、家督を継いだばかりの信長にはそんな力などない。

赤塚の戦いから四ヵ月後の八月十五日、坂井大膳が信長打倒の動きを始めた。信長の弾正忠家に従っていた松葉《まつば》城（現海部《あま》郡大治《おおはる》町）の織田伊賀守、深田《ふかた》城（現同郡七宝《しっぽう》町）の織田右衛門尉を攻撃して人質を取り、無理に味方にしてしまったのである。

信長は、すぐに清須を攻撃することを決心した。十六日明け方に那古野城を出陣した。守山《もりやま》（現守山区）から叔父の信光《のぶみつ》も応援に駆け付けた。信長・信光の軍は一手になって庄内《しょうない》川を越し、清須の南方四キロメートルほどの萱津《かやづ》（現海部郡甚目寺《じもくじ》町）まで進出した。

それに対して、清須城からも出撃してきた。大膳と並ぶ実力者坂井甚介《じんすけ》が率いる軍勢である。辰《たつ》の刻（午前八時）両軍は、萱津の原で激突した。数刻に及ぶ戦いの末、清須勢は五十人ほどの武士が討ち取られ、信長方の勝利となった。敵の主将坂井甚介は柴田勝家・中条家忠《ちゅうじょういえただ》二人が相討ちで討ち取った。萱津での戦いの後、信長は松葉城・深田城を囲み、たちまちに占領した。清須方の思惑は完全に水泡に帰したのだった。この萱津の戦いこそ、新しい弾正忠家の家督信長が父親の信秀譲りの戦闘力を持った男である、ということを尾張国内に示した戦いだったといえるだろう。

萱津で勝利したものの、清須との戦いはまだ終わらない。

翌年の七月十二日、清須城内で大異変が生じた。守護代織田彦五郎と坂井大膳が共謀して守護斯波義統を殺害したのである。義統の子岩龍丸《がんりゅうまる》（後の義銀《よしかね》）が川遊びに出かけ、若い侍がその伴《とも》のため出払っているのを見てのクーデターだったという。岩龍丸は変事を聞いて、那古野の信長のもとに身を寄せた。この変事について、『信長公記』には、「（義統が）筋目《すじめ》なき御謀叛思食《おぼしめし》たち」とあるから、義統のほうが彦五郎と大膳を殺そうとしたが先手を打たれた、というわけだろう。しかし、守護の遺児の岩龍丸を保護している信長にとっては、清須攻撃の大義名分ができたのである。

七月十八日、信長は柴田勝家に命じて、清須城を攻撃させた。城方も出勢させたが、勝家の率いる軍は山王口で城方を打ち破った。城方は安食《あじき》を経て成願寺《じようがんじ》（現北区）前まで退き、ここで応戦したものの、河尻左馬丞《さまのじよう》・織田三位《さんみ》といった清須城内の有力者まで討たれ、城に逃げ込んでしまった。信長考案の長槍が効果を示した戦いだったという。

先に坂井甚介、今また河尻左馬丞・織田三位と仲間を次々と戦死させ、坂井大膳は清須城の中で孤立してしまった。そこで一計を案じる。信長の叔父信光に働きかけ、清須城に入って彦五郎と並んで守護代の職に就いてもらったのである。信長と信光を分離させて、弾正忠家の力を殺《そ》ごうという作戦だったのだろう。

ところが信光は、清須城に移るに際して信長と城の乗っ取り計画を打ち合わせていた。そして、乗っ取り成功のあかつきには、下四郡を庄内川を境に信長・信光で二郡ずつ分けるという約束が成されていたという。

信光が清須城に入り、南櫓《みなみやぐら》に居を定めた翌日、つまり天文二十三年（一五五四）四月二十日のこと、大膳は南櫓に挨拶に行こうとして、にわかに身の危険を察した。そして、そのまま城を出奔、駿河《するが》まで逃れた。若き日の信長の障壁となってきた坂井大膳は、こうして歴史から名を消す。

大膳が出奔した後、信光はもともとの守護代織田彦五郎のところに押しかけ、これに腹を切らせた。守護居城だった清須は、信光の占領するところとなったのである。信光は、約束通り信長に清須城を渡し、それまで信長居城だった那古野城を譲られてそこに移った。

　このような経緯をたどって、首尾よく信長は清須城の主となった。だが、信光と下四郡を分割するという約束は立ち消えになった。この半年後の十一月二十六日、信光は家臣の坂井孫八郎に暗殺されてしまったのである。

　信長にとって、あまりにも好都合な展開と結末。この清須城乗っ取りには、『信長公記』に書かれているより以上に信長の謀略が張り巡らされていたように思われる。

村木城攻め

　天文二十三年（一五五四）一月に行われた今川氏との戦いである。三河岡崎城を拠点として尾張をねらっていた今川軍は、水野信元《のぶもと》の緒川《おがわ》城（現知多郡東浦町）攻略を企てた。そしてまず、緒川城の北の村木《むらき》に付城《つけじろ》（攻撃する予定の敵城に対して築く城）を築いた。

　水野信元は、織田・今川両勢力の接点に位置して、この十年間ずっと織田方を貫いてきた貴重な味方である。それにこの地がもし今川の手に属したなら、知多郡から愛知郡南部まで一気に今川に侵略されてしまうだろう。

　信長は緒川の救援を決意した。しかし、清須との戦争状態は続いている。那古野城が手薄と見たなら、必ず清須から軍勢が寄せてくるにちがいない。

信長は同盟している斎藤道三に加勢を頼んだ。道三は快く安藤守就《もりなり》の軍を派遣してくれた。一千ほどの人数だった。

一月二十一日、安藤に城の留守居役を頼むと、信長は那古野城を出陣した。守山の信光も一緒だった。那古野から南方に軍を進めれば緒川なのだが、途中の鳴海・大高《おおだか》城は敵対している。信長は熱田《あつた》から船に乗り、知多半島西岸まで渡った。ものすごい大風の日で、船乗りさえ止めたのにもかかわらず船を出させたという。

こうして緒川城に到着した信長は、水野軍と合流し、二十四日明け方に早くも行動を起こす。村木城を攻撃するのである。東の大手《おおて》からは水野軍、西の搦手《からめて》からは信光の軍、そして信長は、大堀を備えた最も攻めづらい南方を受け持った。

信長軍は、まず堀端から鉄砲で城の狭間《さま》を攻撃、続いて塀を崩して城内に攻め込む。城方もよく防いで、約九時間にわたる激戦となった。攻撃軍・城方、いずれも大勢の死者・負傷者を出した末、申《さる》の下刻（午後五時）、城方の降参で決着がついた。信長の小姓たちも大勢が討ち死にした。

信長は翌二十五日に凱旋。二十六日に留守居を頼んだ安藤を訪ねて礼を述べ、戦いの一部始終を語った。斎藤道三はそれを安藤から伝え聞き、次のように漏らしたという。

「すさまじき男、隣にはいやなる人にて候よ」

稲生の戦い

先に述べた信光暗殺から二年後の弘治二年（一五五六）六月、今度は信長の異母兄にあたる安房守秀俊がやはり家臣に暗殺された。暗殺犯は守山代々の家老角田《つのだ》新五という者だが、彼は特に信長に罪を問われることもなく、信長家老の林秀貞の保護を受けた形跡がある。秀俊は、『信長公記』に「利口なる人」と書かれているほどの人物である。その暗殺事件に信長がどのようにかかわったかはわからないが、こんな存在はじゃまだったことは確かである。

すぐ下の弟信勝（信行）も優秀な若者で、家臣の人望も厚かった。信長の筆頭家老である林秀貞すら、信長を見限って信勝を家督に据えようと画策していた。

信長はもう、かつての「大うつけ」の若者ではない。合戦での実績も積み上がっている。だが、一族、それに重臣にしてみれば、じゃまな者、無能な者は、たとえ肉親でも容赦しないという徹底した厳しさに、やりきれないものを覚えたのではなかろうか。

信長の筆頭家老の林秀貞は、西春《にしはる》（現西春日井郡西春町）近辺に領地を持ち、荒子《あらこ》（現中川区）の前田氏をはじめ大勢の与力を従えた実力者である。それに信光横死後、信長から那古野城を預けられていた。

弘治二年のこと、林にも支持された信勝は、まるで織田家当主であるかのような行動に出た。

信長の直轄地の篠木三郷《しのき》（現春日井市）を押領《おうりよう》したのである。さらに信勝は、庄内川の際《きわ》に砦を築いて川の東部分の地をもわが物にしようとした。それを聞いた信長は、川を渡った名塚《なづか》（現西区）に先んじて砦を作り、佐久間大学に守備をさせた。兄弟の間は、これほどまでに緊迫してしまったのである。

八月二十三日、信勝方が名塚の砦に向かって出陣した。信勝の名代柴田勝家は一千もの兵を率い、林美作守《みまさかのかみ》（秀貞の弟）は七百を引率していた。翌二十四日、信長も清須を出陣した。率いる兵は七百にすぎなかった。数は少ないけれど、彼らは信長が一から育て上げた親衛隊だったのである。両陣営は清須から東約五キロメートルの稲生原《いのうはら》で衝突した。

柴田隊は東、林隊は南、二方から信長の軍に向かった。信長はわざと七〇メートルほど退いて軍勢を整えると、まず柴田隊めがけて突進した。激しい白兵戦の中で、佐々《さつさ》孫介《まごすけ》（成政の兄）たちが討ち死にした。信長は大音声で叱咤する。敵といっても、もともとは身内である。信長の威勢に恐れをなしたのか、柴田の兵はちりぢりになって逃れた。

間髪を入れず、信長は林隊に向かう。信長自身が槍を取って林美作に向かった。主将自らの奮戦に、本来戦闘要員ではない下人《げにん》もつられて敵と切り結ぶ。敵の主将の美作が信長に討たれたところで勝敗は決した。主将から下人まで一丸となって戦った末の勝利だった。

この時は、母の土田《どた》氏の懇請により信勝を赦免したが、二年後、再び反抗の気配を見せたので、信長は彼を清須城に招いて誅殺してしまった。だが、林秀貞と柴田勝家は罪を赦され、信長のもとで老臣の地位を保った。

浮野の戦い、岩倉城攻め

岩倉城（現岩倉市）は、尾張上四郡を支配するもう一人の守護代織田伊勢守信安の居城である。だが、信長が家督を継いだ頃には、上四郡どころかその勢力は岩倉近辺に限られていた様子である。それでも、信勝が兄信長に逆らう際岩倉と結んでいるから、いちおう守護代家の権威は残っていたのだろう。

永禄元年（一五五八）、その岩倉織田氏に内紛があった。守護代の信安が長男の信賢《のぶかた》と不和になり、追い出されてしまったのである。信長はこのチャンスに岩倉城攻めを決意した。七月十二日、清須から軍を北上させ、岩倉の北西の浮野《うきの》（現一宮市）に陣を布いた。従兄弟の犬山城主織田信清も味方となっており、それと合流するため、浮野まで軍を進めたのだろう。信賢も岩倉城から軍を出陣させた。三千ばかりというから、かなりの大軍である。正午頃から両軍の戦いが繰り広げられた。

信長の鉄砲の師匠橋本一巴《いっぱ》と弓の名人林弥七郎の鉄砲対弓の一騎打ちが、この戦いの中であったという。だが、戦いそのものは信長・信清連合軍の大勝だった。千二百五十もの兵を討ち死にさせて、岩倉方は城に逃げ帰るしかなかったのである。

その後しばらくして信長は、再び岩倉城を攻撃する。四方に鹿垣《ししがき》を二重三重に巡らし、廻番《まわりばん》に巡視させたというから、本格的な包囲戦である。二、三ヵ月に及ぶ包囲の末、信長軍は火矢・鉄砲を放って城内に攻め込んだ。浮野の戦いで、家臣を大勢討たれていた信賢は、力尽きて城を開け渡した。信長は岩倉城を破却し、清須城に帰陣した。

この岩倉城攻略の月日については、『信長公記』にも「或時」と記されているだけではっきりしない。信用できる史料にもまったく記載がないが、『史料綜覧《そうらん》』にある永禄二年(一五五九)の春というのはほぼ確かであろう。

この岩倉城攻略により、信長は尾張の大部分を掌中に収めることになった。

桶狭間の戦い

岩倉城攻略によって尾張の大部分を押さえたといっても、愛知郡から知多郡にかけての鳴海・大高・沓掛《くつかけ》城などは、まだ今川方の城である。信長はまずは鳴海・大高城を取り戻そうと考え、付城として鳴海に丹下《たんげ》・善照寺《ぜんしょうじ》・中島《なかしま》の三砦、大高に鷲津《わしづ》・丸根《まるね》の二砦を築いて攻城戦に取りかかろうとした。

鳴海・大高からの注進を聞いて、今川義元自身が動いた。永禄三年(一五六〇)五月十二日、二万余の軍勢を率いて駿府《すんぷ》（現静岡市）を出陣したのである。

義元は十八日に沓掛城（現愛知県豊明《とよあけ》市）に入った。そして従軍する諸将をここに集めて指令を出した。先鋒の松平元康（徳川家康）は、この夜大高城に兵糧《ひょうろう》を運び入れること、元康および朝比奈《あさひな》泰朝《やすとも》は、その後直ちに鷲津・丸根砦を攻めること。

義元自ら指揮する本隊は、鳴海城の後巻き《うしろまき》（敵に攻撃されている味方の城を救援すること）に向かい、中島・善照寺・丹下砦を攻撃する予定だったのだろう。もし信長が救援に出陣してきたら思う壺、決戦して撃ち破るまでである。あわよくば、尾張全域まで分国を拡大することができる。義元にしてみれば、おそらく自信満々の作戦だったにちがいない。動員能力せいぜい五、六千の信長がどうあがいても、この作戦を遮ることは難しい。この日沓掛城で一夜を過ごした義元は、翌朝早くここを出発、西に向かって軍を進めた。

信長は、今川軍尾張侵攻の報を聞いて、どのような防衛策を考えたのだろうか。十八日夜、駆け付けた老臣たちを前にしながら、彼はまったく戦いの話をせず、さっさと寝所に入ってしまったという。

はっきりいって、彼には防衛策などなかったのである。鷲津・丸根砦の救援に乗り出したとて、敵の本隊が到着したなら挟み撃ちにあってしまう。敵の大軍が分散した時、いちかばちか敵の本隊に向かってこちらから攻撃するしか手はない。彼は敵の隙を突いて攻撃するチャンスを待つしかなかったのである。

翌朝早く、鷲津・丸根両砦から、敵軍の攻撃が始まったとの注進があった。ここで信長は突然立ち上がるのである。

「人間五十年……」、ひとわたり『敦盛《あつもり》』の曲を舞うと、すぐに馬を駆って清須城を飛び出した。五人の小姓だけがあわてて主君の後を追った。

劣勢で遭遇戦に臨む場合、ねらうのは敵の主将の首一つである。敵の先鋒軍が鷲津・丸根に張り付いて、大軍が分散している今こそチャンスである。信長の思惑は、こんなところではなかっただろうか。だが、信長が熱田に到着するより早い辰の刻（午前八時）、鷲津・丸根の砦は落ち、守将の織田玄蕃允《げんばのじょう》も佐久間大学も討ち死にしてしまった。

それでも信長は決戦の意思を変えない。丹下砦を経て善照寺砦に入り、兵たちが到着するのを待った。ようやく二千ほどの兵が集まり、臨戦体制が整った。

一方、この日早朝に沓掛城を出発した義元は、正午頃に桶狭間の南方、俗に「桶狭間山」と呼ばれる小高い丘陵に陣を布いた。その前衛部隊は狭間をそのまま西に進み、中島砦のほうへ向かった。

今川本隊の前衛部隊が中島砦に近付いた時、織田軍の急襲を受けた。佐々隼人正《はやとのしょう》と千秋季忠《せんしゅうすえただ》の率いる三百ほどの軍である。善照寺砦に入った信長を確認して突撃したというから、本隊の後続を期待しての行動だったのだろう。しかし、信長は動かなかった。前衛部隊だけとはいえ、今川軍は五、六千ほどあっただろう。佐々・千秋の軍はたちまちにその大軍に呑み込まれ、隼人も季忠も戦死してしまった。

この後、信長は善照寺砦から中島砦に移動した。この時の信長の動きは、今川軍の少なくとも前衛部隊からはまる見えだった。信長には、自分の軍勢の動きを敵の目から隠すつもりなどまったくなかったのである。

中島砦に移った信長はすぐに出撃を命じた。総軍わずか二千ほど。しかし、その二千のほとんどが武士たち、しかも鍛え抜かれた親衛隊がずらりと揃っていた。

今川軍前衛部隊に襲いかかった信長親衛隊たちは、一気に敵を追い返した。今川軍はなすところなく山際まで後退した。五、六千といっても、その大部分は非戦闘要員、専業の武士は一千もいなかったにちがいない。

桶狭間山の本陣にいた義元は、当然前衛部隊の苦戦を知ったはずである。『信長公記』などの史料に書かれてはいないが、義元はこの時、前衛部隊と合流すべく山を下って桶狭間の低地に移ったのではなかろうか。

信長が敵の前衛部隊を山際に追い込んだ時、突然天候が急変した。石や氷を投げ打つような雨が、強い西風にあおられながら落下してきた。そして、敵兵たちの顔をたたき付けた。沓掛の峠の巨大な楠木《くすのき》が、この風雨のため東に向かって倒れたという。

この風雨に乗じて、信長はそのまま突き進んだ。今川軍の前衛部隊はちりぢりになり、その後ろに付いた本隊まで信長軍に崩されかけた。

「旗本はこれなり、これへかかれ」

信長は自ら槍を取って大声で叱咤し、義元の首一つを目標に親衛隊とともに突進した。義元の乗った塗輿《ぬりごし》を守る旗本たちは、退却するうちに次第に数を減らし、ついに五十人ほどになった。

馬廻の一人服部一忠が槍を持って義元に肉薄する。次いで毛利良勝が後ろから義元に組み付き首級を挙げた。時に未《ひつじ》の刻（午後二時）、主将を討たれた今川軍は、朝には威風堂々と進軍してきた道をバラバラになって敗走していった。

この桶狭間の戦いでの勝利が信長の跳躍台になったことは、いまさらいうまでもない。敵方だった松平元康は敗戦の中で古巣の岡崎城を回復し、今川氏から独立する第一歩を踏み出す。翌々年、信長はその元康と同盟を結んで東方を押さえさせ、自分は美濃の攻略に専念することになるのである。

二、美濃斎藤氏との戦い

斎藤義龍との対決

信長と斎藤道三《どうさん》とは、気の合った婿《むこ》と舅《しゅうと》だった。道三は信長の器量を見抜いていたし、信長のほうも、村木城攻めの時に道三から兵を借りるなど舅を頼りにしている。道三が生きているうちは、尾張と美濃との間には争いらしい争いはなかった。

しかし道三は、美濃の国衆《くにしゅう》支配に失敗して、強制的に嫡子義龍《よしたつ》に家を譲らせられ、隠居の身となった。義龍と合わなかった彼は、再び美濃の支配者に返り咲こうとして兵を集める。しかし、道三のもとに集まった国衆はわずかだった。それでも道三は、弘治二年（一五五六）四月二十日、長良河原《ながらがわら》で義龍に戦いを挑み、敗れて討たれる。

信長は、道三救援のため、木曽川を越して大浦《おおうら》（現岐阜県羽島市）というところまで出陣するが、すでに遅かった。道三との戦いに勝った義龍は、大浦に兵を出し、両軍の小競り合いがあったが大事なく、信長は清須城に兵を収めた。

この後の美濃は、義龍のもとに美濃国衆がまとまりを持った様子で、信長もなかなか手を出せなかった。信用できる史料ではないが、『総見記《そうけんき》』に桶狭間の戦いの後の永禄三年（一五六〇）六月と八月の二度、信長は一千ばかりを率いて木曾川を渡り美濃に攻め入ったが、いずれも惨めな敗戦になったとある。

美濃に手が出せなかっただけでなく、逆に信長は義龍に尾張を攪乱《かくらん》されている。岩倉の織田氏が信長に反抗したのも、陰に斎藤氏がいてのことだったし、異母兄の信広が一度信長に謀叛を企てたのも、義龍と連絡しての上だった。

しかし、信長にとって大きな幸運がおとずれた。強敵だった斎藤義龍が、永禄四年（一五六一）五月十一日に急死するのである。

森部・十四条・軽海の戦い

この時の信長の出陣は、永禄四年五月十三日というから、斎藤義龍の死のわずか二日後である。義龍の死が報告されるや否や出陣したということであろうか。

舟橋を架けて木曾川を越し、勝《かつ》村（現海津郡平田町勝賀《かつが》）に着陣。翌日斎藤方は墨俣《すのまた》砦（現安《あん》八《ぱち》郡墨俣町）より長井甲斐守と日比野《ひびの》下野守《しもつけのかみ》が出陣し、墨俣の南方森部《もりべ》（現同郡安八町）まで進出した。信長は勝村から北上、長良川を渡って森部まで進軍し、ここで両軍の戦いとなった。

数刻の戦いの末、斎藤方は主将の長井と日比野以下百七十人ほどを討たれ、信長方の大勝に終わった。

この戦いには、前田利家が密かに参陣していた。彼は二年前、信長の同朋衆《どうぼうしゅう》の拾阿弥《じゅうあみ》という者を斬り、勘当されている身だった。前年の桶狭間の戦いの時も陣借りして働き、敵の首を三つも取ったのに信長は赦《ゆる》してくれなかった。この森部の戦いでは二つの首を取っている。しかもそのうちの一つは、「首取り足立」と呼ばれる剛の者だった。この手柄により、ようやく信長の勘気が解けるのである。

さて、森部の戦いに大勝利した信長は、尾張に軍を収めず、墨俣砦を奪ってそこに本陣を定めた。義龍の跡を継いだ龍興《たつおき》は、五月二十三日、稲葉山城から軍勢を出した。そして稲葉山城の西の十四条《じゅうしじょう》（現本巣《もとす》郡真正町）に陣を布いた。信長も墨俣砦を出陣、十四条の地で合戦になったが、信長軍に加わっていた織田広良（信益とも、信清の弟）が討たれるという敗戦になった。

信長は西軽海《にしかるみ》（現同上）に後退、斎藤軍は北軽海まで進み、夜、再び戦いを交えた。佐々成政と池田恒興が二人で敵の将稲葉又右衛門を討ち取るという手柄もあったが、闇が深くなったので斎藤軍は稲葉山城に引き揚げた。信長は翌朝まで軽海にとどまったが、その後墨俣に戻り、さらに清須に帰城した。

小牧築城と犬山城攻め

尾張の北端に位置する犬山城は、信長の従兄弟織田信清の居城である。信清は、木曾川の南沿岸あたりを支配し、小口《おぐち》城（現愛知県丹羽郡大口町）・黒田《くろだ》城（現羽栗郡木曾川町）なども麾下《きか》に置いていた。

岩倉城攻め、美濃攻めなどで信長に協力した信清だったが、信長の勢力が尾張全域を席巻する勢いになると、にわかに不安を覚えたのだろう、美濃斎藤氏と結んで信長に対抗する姿勢に変わった。

永禄六年（一五六三）頃、信長はその本拠を清須から小牧山《こまきやま》（現小牧市）に移した。小牧山は、濃尾《のうび》平野のはずれにある、標高八六メートルの小高い丘陵。その頂上に居城を築き、麓に城下町を建設した。

だが信長は、この小牧城には長くとどまるつもりなどなかった。美濃経略のための城、これだけが小牧城の役割とはじめから考えていたのである。そして、この後は、美濃侵略を東方から進めることになる。

小牧城に移った信長は、まず尾張国内の敵対者信清を攻撃することに目標を置く。信清方として、小口城に中島豊後守《ぶんごのかみ》、黒田城に和田新介が籠っていたが、信長は丹羽長秀を使って彼らを降参させた。こうして支城を奪い取ってから、犬山城を取り囲んだ。

『信長公記』では、「四方鹿垣《ししがき》二重・三重丈夫に結いまわし、犬山取り籠め」という文で犬山城攻めの記事は終わっている。その落城については、記載がないのである。

だが、ここに、九月九日付けで上杉氏の老臣直江景綱《なおえかげつな》に宛てた、信長の書状がある。「よって先月濃州に相働き、井口《いのくち》（稲葉山城）近所に取出《とりで》の城を所々に申し付け候。しからば犬山落居せしめ候。その刻金山《かねやま》（兼山）落居に候」（『歴代古案』）

前後の様子から、この書状の発給年は、永禄七年（一五六四）と思われる。犬山城攻略は、この年の八月頃と見てよいだろう。城主の信清は逃れて甲斐の武田氏に身を寄せたという。

鵜沼城・猿啄城・堂洞城攻め

犬山城とは木曾川を隔てた対岸に、鵜沼《うぬま》城（現岐阜県各務原《かがみがはら》市）と猿啄《さるばみ》城（現同県加茂郡坂祝《さかほぎ》町）があった。鵜沼の城主は大沢次郎左衛門、猿啄の城主は多治見修理亮である。

永禄七年のことか八年のことか明らかではないが、信長は木曾川を渡り、両城の西の伊木《いぎ》山（現各務原市）に砦を築いてそこを拠点とした。そして、まず鵜沼城を囲む。大沢は観念して信長に降った。

次いで猿啄城。すぐ近くの「大ぼて」と呼ばれる山に丹羽長秀が上ってまず水源を止め、それから城攻めに入った。城主多治見もあっけなく信長に降った。

鵜沼・猿啄両城の一〇キロメートルほど奥に、加治田城《かじた》（現加茂郡富加町《とみか》）がある。美濃の有力な国衆である佐藤忠能《ただよし》の居城である。永禄八年七月、忠能は丹羽長秀を通じて降参を申し入れてきた。加治田が味方になれば、東美濃での大きな足掛かりができる、信長は大いに喜び、兵糧料として黄金五十枚を佐藤に贈った。

だが斎藤氏にしてみれば、みすみすと東美濃の拠点加治田を敵方にしておくわけにはゆかない。斎藤氏の将長井道利（道三の弟とも子ともいう）が軍勢を率いて関《せき》（現関市）まで進み、加治田城の南の丘陵堂洞《どうぼら》（現富加町夕田《ゆうだ》・美濃加茂市蜂屋《はちや》）というところに付城を築いた。

九月二十八日、信長は加治田城の救援のため小牧城を出陣し、堂洞城を取り巻いた。関にいた長井も、堂洞の後巻《うしろま》きとして軍を移動させた。

信長は長井軍に対して押さえの隊を置くと、堂洞城の塀ぎわまで攻め寄せ、松明《たいまつ》を投げ入れて二の丸を焼き崩し、本丸まで攻め込んだ。この時、『信長公記』の作者である太田牛一《おおたぎゅういち》が、二の丸の入り口にある家の屋根に上って、無駄矢もなく敵を次々と射倒し信長から褒賞されたという。

戦いは正午から酉《とり》の刻（午後六時）に至り、敵味方の区別ができないほどの闇になったが、その中でもなお続けられ、ついに信長方が守将の岸勘解由左衛門《かげゆざえもん》以下を討ち果たし、城を乗っ取った。

その夜、信長は加治田城に宿泊する。佐藤忠能と息子の右近右衛門《うこんえもん》は涙を流して信長を迎えたという。

翌二十九日、信長は加治田城を後にして帰陣の途につく。ここではじめて長井の軍が攻勢に転じ、稲葉山城からも斎藤龍興の軍が加わって追撃してきた。小勢の信長軍にいくらかの被害が出たが、大事なく小牧に帰陣することができた。

河野島の戦い

河野島《かわのしま》（現岐阜県羽島郡）の戦いについては、信長研究の基礎史料である『信長公記』に載せられていない。この戦いを裏付ける史料は、宛先不明（甲斐の武田氏関係者と思われる）、閏《うるう》八月十八日付けの斎藤家老臣連署状のみである（『中島文書〈山梨県〉』）。閏八月だから、この文書の発給年が永禄九年（一五六六）であることはまちがいない。その文書には、次のことが書かれている。

「足利義昭公の上洛に信長が供奉《ぐぶ》することを引き受けたので、義昭公は織田と斎藤との停戦を仲介した。こちらも義昭公の上洛の為と考えて承知し、誓書も使者の細川藤孝《ふじたか》に渡した。

こうして近江への通路も整い、急いで参陣するようにと藤孝が尾張に下って催促したのに、信長は約束を違《たが》えて動こうとしない。義昭公はたいへん機嫌をそこねておられる。畿内で三好《みよし》三人衆が義昭公の上洛を妨げるように画策しており、そのため上洛が遅くなっている様子だ。このままでは義昭公は矢島《やじま》（現滋賀県守山市）にもおられず、朽木《くつき》（現同県高島郡朽木村）か若狭あたりに移らねばならないという。信長は天下の笑い者になっている。龍興は義昭公を疎んずるつもりなどないのに、しかたがないことである」

前年以来近江矢島に滞在している足利義昭は、上杉謙信や信長にしきりに上洛に供奉するよう催促していた。信長はすぐにでも義昭を奉じて上洛したい意向だったのだが、美濃の斎藤氏のおかげでそれがかなわなかったのである。それが、この年になって、義昭の仲介により織田と斎藤との和睦がなされ、上洛の条件が整ったかに見えた。

しかし、畿内で足利義栄《よしひで》を擁する三好三人衆が、近江の六角氏などに働きかけてそれを妨害したのである。信長はそれらの障壁を突き破って上洛するまでの自信がなかった。結局は、この時に上洛することは中止せざるをえなかったのである。

この文書は、まだ続いている。

「八月二十九日、信長は尾張・美濃の境目まで出張してきた。その頃、川は増水していたが、川を渡って河野島に着陣した。すぐに龍興軍が向かったが、信長軍は引き退き、川縁に陣を張った。味方も川を隔てて在陣した。その翌日、風雨がひどくどちらも戦いを仕掛けられなかった。ようやく水が引いて、攻めかかって撃ち破ろうとしたところ、今月（閏八月）八日の未明にわかに信長軍は川を渡って退陣した。ところが増水していたので、大勢が溺れてしまい、残った者も何人か川際で討ち取られた。兵具などを捨てて逃げるという体たらく、前代未聞のことである」

斎藤氏の自己宣伝だから、いくらか割り引く必要はあるだろう。だがこの時、信長が美濃攻めに失敗したことは確かなようである。東美濃から着々と美濃攻略を進めてきた信長だったが、このような敗戦もあったのである。

稲葉山城攻略

永禄十年（一五六七）八月一日、美濃三人衆からの連絡が信長のもとに届いた。斎藤氏を見限って信長の味方になるつもりである、人質を受け取りにきてほしい、とのことだった。美濃三人衆とは、氏家直元（卜全）・稲葉良通（一鉄）・安藤守就《もりなり》の三人のことで、それぞれ西美濃に勢力を広げてきた有力な国衆である。

信長は、吏僚の村井貞勝と島田秀順《ひでより》を人質受け取りの使として派遣するが、まだ人質が到着しないのに行動を起こす。軍勢を出して、稲葉山の尾根続きの瑞龍寺山《ずいりょうじやま》を占領するのである。

突然のことに稲葉山城や井口《いのくち》城下が騒ぐなか、信長軍は井口の町に放火して城をたちまちに裸城にしてしまった。そして翌日には、四方に鹿垣を作って包囲戦に入った。その後、三人衆が礼に現われたが、あまりのスピード振りに舌を巻いたという。

八月十五日、龍興は城を捨て、舟に乗って長良川を逃れた。こうして稲葉山城は信長の手に属し、七年もの年月を費やした美濃攻めも終了したのである。

なお、稲葉山の落城年月については、『信長公記』にはっきりした記載がないため、一部の郷土史家により永禄七年説が強く唱えられてきた。その論拠は、『甫庵信長記』『豊鑑《とよかがみ》』、その他江戸時代に成った家譜類のほとんどが永禄七年としているからである。だが、先に紹介した『中島文書』によって、その説が誤りであることは確実である。

さらに近年、『岐阜市史』通史編を執筆した勝俣鎮夫氏は、稲葉山に隣接した瑞龍寺に伝わる『瑞龍山紫衣《しえ》輪番世代帳《りんばんせだいちょう》』に「永禄十丁卯九月織田上総乱入」とあることから、稲葉山城の落城は、永禄十年でよいが、九月のことである、との新見解を示している。

たしかに城下近辺に発給した信長の禁制は、同年の九月に集中しており、『信長公記』にある「八月十五日」という日付けは再検討すべきであると思う。

信長は稲葉山城を占領した後、城の名を岐阜城、井口の町を岐阜と改める。そしてこの時を機に、「天下布武《てんかふぶ》」の印判《いんばん》の使用を始める。尾張・美濃両国を制圧した信長が、いよいよ全国制覇へと乗り出そうという意図を示したもの、と読み取るのは、先輩諸氏も筆者も同じである。

三、上洛と畿内平定

足利義昭の招聘

長年の目標だった稲葉山城と美濃を攻略して、いよいよ信長は上洛の動きに出る。永禄十一年（一五六八）の六月頃だろう、信長は越前一乗谷にいる足利義昭に連絡し、上洛の準備が整ったのでとりあえず岐阜に移ってくれるよう願い出るのである。

足利義昭は、前将軍義輝の同母の弟である。兄の将軍義輝が永禄八年（一五六五）五月に三好三人衆や松永久秀のため二条御所に襲殺された時、彼は奈良興福《こうふく》寺一乗院の門跡《もんぜき》であった。すぐに三好一党の監視のもとに置かれたが、密かに奈良を抜け出し、近江和田（現滋賀県甲賀《こうか》郡甲賀町）の和田氏の保護を受ける。その直後から彼は上杉謙信をはじめ諸国の大名たちに書を送り、自分を奉じて上洛することを促している。

義昭の書は、たびたび信長のところへも発せられた。信長はすぐにでも上洛するかのような返事を繰り返していたものの、その実美濃の斎藤氏が障壁となって行動に移せなかったのである。その間義昭は、近江矢島から若狭に移り、さらに朝倉義景を頼って越前に動いていた。

永禄十一年前半の時点で、義昭が最も頼りにしていた大名は、世話になっている朝倉義景と越後の上杉謙信だった。しかし、義景は、天下をねらうなどという野心に乏しい上に、一向一揆の動きが不安でなかなか腰を上げることができない。また、越後でも、本庄繁長《しげなが》の謀叛が起こって、謙信は上洛どころではなかった。そうしているうちに、三好三人衆にかつがれた足利義栄《よしひで》が二月に将軍宣下を受けて、第十四代の将軍に就任してしまった。信長からの誘いがあったのは、そんな時だったのである。

義昭は喜んで、早速旅立ちの準備を整える。将来も見捨てないことを義景に約束し、七月十三日に越前一乗谷を後にした。信長からの迎えの使者、村井貞勝と島田秀順たちが同行した。

義昭は途中、近江小谷城に寄って信長の妹婿である浅井長政のもてなしを受け、二十五日に岐阜に到着した。信長自身が美濃・近江の境目まで出向いて義昭を迎えた。

岐阜の郊外にある立政寺《りゅうしょうじ》が、義昭の仮の住まいとされ、早速そこで宴が催された。そしてその場で、金銭のほか太刀・武具・馬などが、信長より義昭に進上された。

上洛への道

ここまで準備を整えて、信長は上洛への行動を起こす。だが、上洛への道である琵琶湖の南岸は六角氏の領国である。六角承禎《じょうてい》は、これから信長が戦うことになるはずの三好三人衆に通じていたのである。

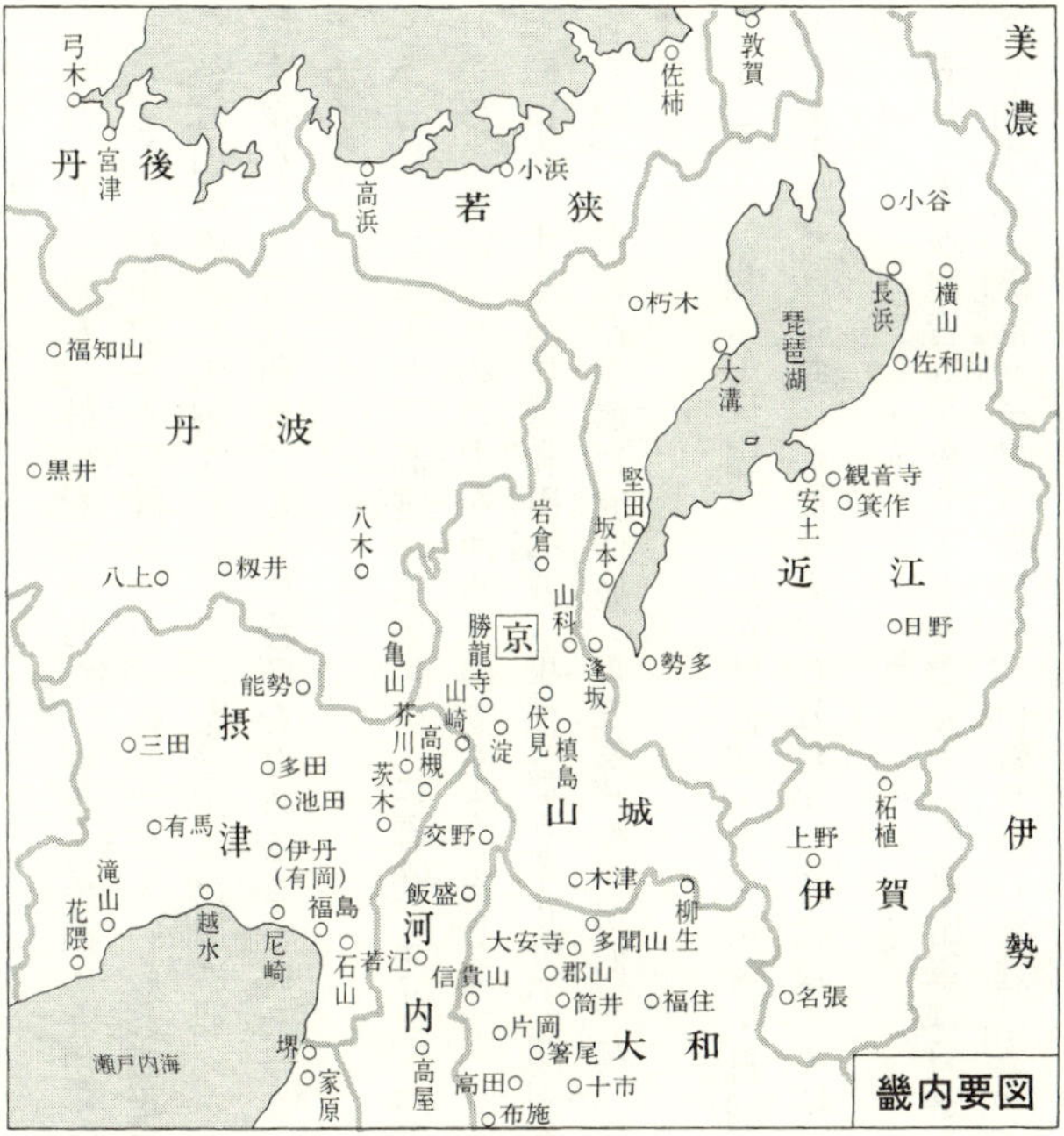

畿内要図

八月七日、信長は近江に入った。浅井長政が小谷城より出向いて彼を迎え、佐和山城に案内した。信長はここに七日間も逗留して、なんとか六角氏を説得しようとしたのである。

彼は義昭の使者に自分の家臣を添え、六角承禎の居城観音寺《かんのんじ》(現滋賀県蒲生郡安土町)に遣わした。義昭の使者からは、協力するならば京都所司代に任命しようという義昭の言葉が伝えられた。しかし承禎は結局、信長に与《くみ》することを承知しなかったのである。信長は、その軍事力によって上洛への道を切り開くほかなくなった。

九月七日、信長は岐阜を出陣した。尾張・美濃・北伊勢の兵が従った。同盟者の徳川家康も、名代として松平信一を同陣させた。総勢六万といわれる軍勢だった。

彼は出陣の前に義昭を訪ね、近江を平定した後に迎えをよこすことを約束していた。六万もの大軍をもって六角氏ごときに苦杯をなめることはあるまい。おそらく自信満々の出陣だったであろう。

八日に近江に入り、高宮《たかみや》（現彦根市）に着陣。そこで三泊して人馬の息を休める。つまりこれからの戦いのための力を溜めたのである。そして十一日に愛知《えち》川近辺に陣を張った。

織田軍のすぐ前には和田山《わだやま》城（現神崎郡五個荘《ごかしょう》町）、四、五キロメートルほど奥には主城の観音寺城、さらに左手奥に箕作《みつくり》城（現五個荘町）があった。信長は最も遠い箕作城にねらいを付けた。

十二日申の刻（午後四時）、佐久間信盛・木下秀吉・丹羽長秀の軍が箕作城に襲いかかった。日の暮れ行く中で戦いが繰り広げられたが、夜になって城は落ちた。信長は移動して箕作城に入った。

翌日、主城観音寺を攻めようと勇んでいた織田軍は肩透かしをくった思いだった。夜のうちに六角承禎・義治《よしはる》父子は城を捨て、伊賀目指して逃げ去ってしまったのである。和田山城兵も同様だった。信長はやすやすと観音寺城に入った。

六角氏の没落によって、これまでそれに従っていた近江の国衆《くにしゅう》たちが次々と信長に降った。四月から信長に誼《よしみ》を通じていた永原のほか、進藤・後藤・永田・蒲生・池田・平井・山岡・青地など、いずれも南近江に大きな勢力を培《つちか》った国人《こくじん》領主たちである。

ここまでくれば、もう京都への道をさえぎる者などいない。十四日、信長は義昭を迎える使者を岐阜に送った。首を長くして朗報を待っていた義昭は、早速岐阜を出発、二十二日には桑《くわ》実寺《のみでら》（現安土町）に至って信長と合流した。

信長はすぐに守山《もりやま》（現野洲郡守山町）に移って、大津方面への舟便を手配させた。だが、信長の手勢と義昭の側近だけでもかなりの人数である。なかなか便が整わず、一日守山に逗留することになった。

信長が渡海したのは二十四日のことだった。三井寺《みいでら》（園城寺《おんじようじ》）極楽院（現大津市）に着陣する。翌二十五日、義昭も舟で到着、同じ三井寺の光浄院に入った。陸路を進んだ先鋒軍はすでに山科《やましな》辺りに陣取って、信長の到着を待っていた。

信長が上洛するという噂は、かなり以前から京都の公家たちに広まっていた。六角氏があっけなく敗退し、近日中の信長上洛が確実になった時、京都中が大騒ぎになった。

「十四日…京中辺土騒動也。この方大概の物内侍所《ないしどころ》へ遣わす」「終夜京中騒動。説くべからず、説くべからず。江州ことごとく落居云々《うんぬん》」「二十日…織田出張。日々洛中洛外騒動也。(信長の上洛が)一両日中の由申す。今朝なおも騒動也」「織田明朝出張必定の由これあり。騒動以ての外暁天に及ぶ也」(以上『言継卿記《ときつぐきょうき》』)

「織田信長」という馴染《なじ》みのない男を迎えるにあたって、公家も市民も底知れぬ不安に陥り、大騒動が続いたとしても不思議ではなかろう。

だが、京都中が騒動する中にあって、正親町《おおぎまち》天皇は冷静に信長とコンタクトをとっていた。天皇は前年の十一月、美濃を平定したばかりの信長に綸旨《りんじ》(天皇の命令を奉じた文書)を与えて御料所の回復を命じるとともに、いよいよ勢力拡大を期待する旨の応援のメッセージを送っている(『立入《たてり》文書』)。この上洛戦の時も、九月十四日付けで信長に禁中の警護と京都市内での軍勢の乱妨《らんぼう》・狼藉《ろうぜき》を禁止するよう命令していた(『経元卿御教書案《つねもときょうみぎょうしょあん》』)。

二十六日早朝、ついに信長は京都に入る。そして東寺《とうじ》(現京都市南区)に陣を張った。義昭も続いて入京、清水寺《きよみずでら》(現東山区)に着陣した。山科、久我《こが》(現伏見区)辺りで小競り合いがあったが、京都市内には及ばなかった。それのみか信長軍は厳しく統制されていて、公家や市民たちが心配していた乱妨・狼藉は起こらなかったのである。

予想した以上にスムーズに上洛を果たした信長だったが、京都にとどまってはいられない。三好三人衆やその与党を逐《お》って、畿内を平定するのが当面の仕事である。三人衆の一人石成《いわなり》友通の山城勝龍寺《しょうりゅうじ》城、同じく三好長逸《ながゆき》の摂津芥川《あくたがわ》城。そのほか摂津には敵方の城として、越水《こしみず》城・滝山《たきやま》城・池田《いけだ》城・伊丹《いたみ》城などがある。

信長が上洛を果たしたその日には、先鋒の柴田勝家・蜂屋頼隆・森可成・坂井政尚の四将が、勝龍寺城（現京都府長岡京市）に攻めかかった。翌日信長自身も、勝龍寺表に陣を移す。義昭もその近くの西岡《にしのおか》寂照院《じゃくしょういん》に着陣した。

二十八日、信長は義昭を伴って山崎《やまざき》（現京都府乙訓《おとくに》郡大山崎町）に移動した。そして芥川城（現大阪府高槻市）を攻撃し、その周辺を放火した。

二十九日、まず勝龍寺城が落ちた。夜に入って芥川城も退散した。それを見て、越水（現兵庫県西宮市）・滝山（現神戸市中央区）両城は戦わずして開城した。三十日に信長は義昭とともに芥川城に入った。

伊丹城の伊丹忠親は戦わずして信長に降ったが、池田城（現大阪府池田市）の池田勝正は城に籠って抵抗した。十月二日、信長は手勢を率いて池田城を攻撃した。

この時の畿内平定戦で最も激戦だったのが、この攻城戦だった。馬廻たちが城内に切り込んで白兵戦《はくへいせん》となり、信長方では梶川平左衛門が討ち死に、魚住隼人も負傷するという被害が出た。

だが、抵抗はそこまでで、池田はその日のうちに降参した。

信長は義昭とともに、この後しばらく芥川城にとどまる。京都を含む山城と摂津の大部分が平定されたものの、大和・河内・和泉《いずみ》の国衆の態度いかんによっては軍事行動を続けなければならない。

だが、その他の国衆たちは続々と芥川城にやってきて、信長・義昭に忠誠を誓った。彼らの中で最も大物といえるのは、松永久秀である。十月四日に信長に面会し、天下の名物といわれる茶入「つくもかみ」を贈った。

義昭にとって久秀は兄の仇、いまさら降参しても赦しがたい男である。しかし、信長が義昭を説得したのだろう。久秀は大和の平定を命じられ、平定分の支配を任せられるということになった。実は久秀は二年も前から信長に通じており、信長のほうも彼をうまく利用しようと考えていたのである(『柳生文書』)。

そのほか、畿内の人事は次の通りに定められた。

河内守護　三好義継(若江城)、畠山高政(高屋城)

摂津守護　和田惟政(高槻城)、伊丹忠親(伊丹城)、池田勝正(池田城)

山城の内　細川藤孝(勝龍寺城)

義昭の将軍就任と「御父」弾正忠殿

信長が義昭とともに京都に戻ったのは、十月十四日であった。義昭は本圀寺《ほんこくじ》（現下京区）、信長は清水寺に着陣した。

信長は、軍の統制に最大限の気配りをした。下級の兵が市民に迷惑をかけないよう、家臣を方々に配置して監視させた。天皇・公家、そして京都市民の世論を味方にすることも、信長にとって重要な施策であった。

十八日、義昭は参内《さんだい》して征夷大将軍の宣下《せんげ》を受けた。三好三人衆にかつがれた義栄はこの九月に死んでいたので、義昭は問題なく将軍の地位に就くことができたのである。兄の横死から三年余りの流浪を経て、ようやく本懐を達した義昭であった。

二十三日、新将軍義昭は、仮御所の細川邸で能楽を張行《ちょうぎょう》した。主客は信長。つまり今度の信長の労苦に報いようという催しだったのである。この席で義昭は、信長に副将軍か管領《かんれい》の職に就くことを勧めた。だが信長は、何度にもわたる勧めを断り続けたのであった。彼には室町幕府の職に就いて、将軍の制約を受けるつもりなどまったくなかったのである。

二十六日、信長は京都を発ち、帰陣の途につく。それに先立つ二十四日付けで、義昭は信長に二通の御内書《ごないしょ》（将軍の書状）を送った。一通は、今度の手柄に対する感状、もう一通は、足利氏の桐の紋章と旗や幕に付ける二引両《にひきりょう》を許可したものであった。信長はこれは素直に受け取ることにした。

　この二通の宛名に「御父　織田弾正忠殿」と書かれていたことは有名である。当時の義昭にとって、信長は最愛・最敬の、父とも仰ぐべき人物だったのである。

四、伊勢北畠氏との戦い

永禄十年の北伊勢出兵

　伊勢は国司《こくし》大名北畠氏が南五郡の支配を続けているのに対し、北八郡は工藤長野氏・関氏・神戸《かんべ》氏など古くから土着していた名族が、小領主たちを従えて割拠しているといった状態だった。そこに信長は永禄十年（一五六七）に出兵したらしい。

　この頃の伊勢に関しては、信用できる史料はほとんどない。伊勢出身の神戸良政という者が寛永年間（一六二四～四四）に著述した『勢州軍記《せいしゅうぐんき》』が基本的な史料とされているが、これとても叙述されている内容から五十年～八十年もたって書かれたものである。伝えによると、良政の父の手に成る本があり、それを原本にしたというが、原本そのものもやはり数十年の時を経て記述されたものであり、そうした編纂史料の限界は知るべきであろう。

　この『勢州軍記』に、永禄十年八月に信長が尾張・美濃の軍勢数万騎を引率して北伊勢に攻

め寄せたという記述がある。信長はこの時、桑名表に攻め寄せてまず南部以下の小領主たちを降参させ、続いて楠《くす》城（現三重県三重郡楠町）を開城させ、高岡城（現同県鈴鹿市）をも攻撃したという。

永禄十年の秋といえば、信長が稲葉山城を攻撃した時と一致する。『勢州軍記』では、稲葉山城攻略を永禄七年のこととしているので、美濃・伊勢両方面の作戦の時期が重なっていないのである。だが先に述べた通り、稲葉山城の攻略がこの年九月であることは、今ではほぼ確かとされている。

一方、信長が同年八月中旬に伊勢に出陣し長島《ながしま》（現桑名郡長島町）近辺を放火したことは、連歌師紹巴《じょうは》の『富士見道記《ふじみみちのき》』に載っているから確実である。かなり慌ただしい行程になるが、八月中に伊勢から帰陣し、九月には稲葉山城を攻撃したということであろう。

なお、『勢州軍記』には、信長の進攻に先立って、北伊勢の押さえとして伊勢・尾張・美濃の境に滝川一益を置いたとある。これについては、滝川の奉行人二人による、大福田寺《だいふくでんじ》（現桑名市）宛ての永禄十年四月十八日付けの禁制《きんぜい》（軍勢の勝手な行動を禁止する命令）があり、裏付けることができる（『三重県史資料編』近世1所収）。

この段階では、北伊勢の土豪クラスを麾下に置いたにすぎず、信長の伊勢平定戦のほんの前哨戦にすぎなかった。

永禄十一年の伊勢攻め

永禄十一年（一五六八）といえば信長の上洛した年だが、この年の二月に信長は再び北伊勢に進攻した。この伊勢攻めについても、『信長公記』など信頼できる史料にはそれに関する記述はない。『勢州軍記』とその類本である『勢州兵乱記』『勢州四家記』『北畠物語』に載っているだけである。

この時のターゲットは、鈴鹿郡・河曲《かわわ》郡に勢力を広げている神戸氏とその一族である関氏、奄芸《あんぎ》郡・安濃《あの》郡の長野氏であった。

まず攻撃したのは、神戸氏の家老の山路弾正忠が守っている高岡城である。主城神戸（現鈴鹿市）の神戸具盛《とももり》も固く城を守り、抗戦の構えを見せた。信長は力攻めは避け、神戸氏との和睦の作戦に出る。三男の三七郎（後の信孝《のぶたか》）を継嗣のない具盛の養子にするという条件を出すのである。

具盛は承知し、三七郎を養子として信長の幕下に属することになった。神戸氏に所属していた峯《みね》・国府《こう》・鹿伏兎《かぶと》氏もそれに従った。ただ一人関盛信だけは、六角氏と通じてしばらく信長に従わなかった。盛信の一子を神戸家の養子にするという約束が踏みにじられたのが理由だったという。

神戸氏を降参させた信長は、次に安濃津《あのつ》（現三重県津市）まで進軍、長野氏の攻撃に移る。まず長野氏の重臣細野藤敦《ほそのふじあつ》の守る安濃城《あのう》（現同県安芸郡安濃町）を囲んだ。

長野氏の当主は次郎具藤《ともふじ》。北畠具教《とものり》の二男で長野氏の名跡を継いだのだが、まだ十歳ほどの少年である。

長野家の家老分部光嘉《わけべみつよし》は、細野藤敦の弟だが、兄とちがって信長との和睦を望んでいた。彼は他の老臣と謀って主君の具藤を追い出し、神戸氏と同様信長の一族を新しい主君にしてくれるよう信長に願い出るのである。信長は、弟の信良（後の信包《のぶかね》）を長野家の当主として安濃城に入れた。雲林院《うじい》・草生《くさわ》・家所《いえどこ》・細野・乙部《おとべ》・中尾氏など長野氏に属していた者は、すべて信長の幕下となった。

こうして信長は、一族を送り込むという政略によって、北伊勢を掌中に収めることができたのである。

大河内城攻め

北伊勢八郡は、こうして永禄十一年（一五六八）のうちに信長に属するようになったが、南五郡に勢力を培っている国司大名北畠氏は、依然として自立の姿勢を崩さなかった。信長はなんとか北畠氏を従える機会をねらっていたが、永禄十二年になってその機会がやってくる。

五月、木造《こつくり》城主木造具政が信長に誼《よしみ》を通じてきた。具政は北畠具教の実弟だが、義理の弟である源浄院主玄（後の滝川雄利《かつとし》）の献策により、早めに信長に従う決心をしたという。

八月二十日、信長は岐阜を出陣、その日のうちに桑名まで進軍した。従う兵は七万、八万、あるいは十万と諸書によって異なるが、いずれにしても総力をあげたといってよい大軍である。

一方の北畠氏も、それを迎え撃つ構えに入る。北畠氏の当主はまだ若い具房。だが、形の上では隠居でも、父の具教が依然として実権を握っており、具房ともども大河内《おかわち》城（現三重県松阪市）に籠った。大河内城に至るまで、阿坂《あざか》・船江《ふなえ》など多くの支城があり、それぞれに兵が配置され、織田軍の進撃を阻む体制がとられていた。

信長は二十三日に木造（現久居《ひさい》市）に着陣、雨天のため三日間ほど逗留して人馬を休める。二十六日に木造を出発した信長は、まず前に立ちはだかる阿坂城を木下秀吉に攻めさせた。阿坂城は大宮一族の城。果敢に防戦したがかなわず、その日のうちに開城した。阿坂城を落とした信長は、他の支城はまったく顧みず、まっすぐに大河内城を目指した。大河内城は、坂内《さかない》川の谷と矢津《やづ》川の谷とに挟まれた小高い丘陵の上にある。八月二十八日、信長の大軍はこの城を四方より取り囲んだ。南は長野信良（織田信包）・滝川一益・丹羽長秀のほか近江衆たち、西は佐久間信盛・木下秀吉と美濃衆、北は坂井政尚・蜂屋頼隆に浅井氏の援軍、東の山には信長の本陣が置かれ、柴田勝家・森可成が馬廻たちとともに着陣した。

信長の本陣は、馬廻衆・小姓衆・弓衆・鉄砲衆が警備を固める。城の周囲には鹿垣が二重三重にめぐらされ、馬廻から選ばれた使番《つかいばん》の者たちがその垣の際《きわ》を見張る。まさに蟻の這い出る隙もない包囲網だった。

これを見ると、信長は長期戦を覚悟していたように思える。攻めづらいこの城は、やはりじっくりと包囲するのが上策だろう。しかし、当時の信長は、長期にわたる包囲戦の経験に乏しかった。そのせいであろうか、突然強攻策に出るのである。大河内城を包囲してから十日目の九月八日、信長は丹羽長秀・池田恒興・稲葉良通の三将に夜討ちの命令を出した。

三将のほかに馬廻も彼らに付けられ、三手に分かれて西搦手《からめて》口より城を攻撃した。ところがこの時、にわかに雨が降り出して、味方の鉄砲が使えなくなってしまった。夜討ちに気付いた城方は、一斉射撃でこれに応じた。夜討ちは失敗し、朝日孫八郎・波多野《はたの》弥三など勇士として名の知られた馬廻がここで戦死した。

急攻めに失敗した信長は、ようやく兵糧攻めの意思を固めた。九月九日、滝川に命じて国司御所になっていた多芸《たぎ》城（現一志《いちし》郡美杉村）を焼き払い、近辺も放火し、田畑の作物も薙《な》ぎ捨てた。そして、住人たちを大河内城内に追いやった。城内を人口過密にするためである。

『信長公記』では、兵糧攻めが功を奏してこの後城内に餓死者が出始め、北畠氏のほうから和睦を願い出る、という筋書きになっている。だが、史料価値に疑問があるとはいえ、『勢州軍記』には、さらに両軍の戦闘があり、信長の軍がまたも苦い敗戦を繰り返すことになっている。つまり滝川軍が魔虫谷という所から一気に城を乗り崩そうとしたところ、城方からの鉄砲の反撃を食らって大勢が戦死したことが書かれている。しかも大河内城内は、まだ兵糧は潤沢であり、方法を失った信長のほうから和睦を申し出たとしている。

中立の立場から書かれた『細川両家記』には、「神軍《かみいくさ》に候か、国司方勝利を得て、曖《あつか》いになり」とある。何度か行われた戦闘で城方が勝利したのは確かなようである。

しかし、和睦の条件を見ると、圧倒的に信長のほうが有利である。兵糧攻めはそれなりの効果があり、北畠具教がこのままでは勝ち味なしと判断した結果、和睦ということになったのではなかろうか。和睦を申し出たのが信長のほうなのか、北畠側なのか、あるいは『朝倉記』にあるように将軍義昭や朝廷が動いた結果なのかは判断し難い。

いずれにしても両者は、次の条件のもとに和睦を結んでいる。

一、大河内城を信長に渡し、具教・具房は他の城に移ること。

二、信長の二男の茶筅丸《ちゃせんまる》（具豊《ともとよ》、後の信雄《のぶかつ》）を具房の養嗣子にすること。

そして十月三日に大河内城は開け渡され、具教父子は笠木《かさぎ》城（現多気《たき》郡多気町）・坂内城（現松阪市）に移った。

この戦いは、信長の完勝とはいえない。だが、この和睦の結果、北畠氏の勢力は大きく殺がれ、信長に対抗できる力はなくなってしまった。

この後、天正三年（一五七五）には、信長は北畠家に圧力をかけて息子の信雄に家督を譲らせ、さらに翌年には具教をはじめとする北畠一族を一網打尽に謀殺してしまうのである。

第二節　元亀年間の苦闘

一、朝倉・浅井氏との戦い

将軍義昭との対立のはじまり

元亀元年（一五七〇）から始まる朝倉・浅井氏との対決、本願寺の敵対。畿内・近国では、信長は四面楚歌《そか》の状態に陥った。そして、最大の強敵武田信玄の西上。こうした反信長の動きの中心には、信長の擁立した将軍義昭がいた。

苦境に立たされた信長にとって幸運なことに、信玄は病に倒れる。信長は将軍を追放し、畿内を回復した。年号は天正と改められ、ここから信長の再度の飛躍を迎える。まさに元亀の年号の三年間余りは、信長苦闘の時期と言い換えることができる。

こうした元亀年間の信長の苦闘は、将軍義昭との対立がエスカレートしていく有様を背景としている。上洛して将軍に就任した直後には信長を「御父」と敬称した義昭、翌年、新築してもらった御所の石垣の上に立ち続け、岐阜に戻る信長の姿が見えなくなるまで名残を惜しんだという義昭。なぜ、この義昭が信長に逆らうようになったのか。しかも、あらゆる犠牲を払っても信長を追討しようと執念を燃やし続けたのか。

信長と義昭の一回目の衝突は、上洛のちょうど一年後であった。

永禄十二年（一五六九）十月三日、信長は北畠氏の伊勢大河内《おかわち》城をようやく開城させた。十一日、信長は千草《ちぐさ》峠を越えて上京する。将軍に伊勢の平定を報告するためである。すぐに将軍御所を訪ねて義昭に報告、十三日には参内して天皇からじきじきに盃をいただいた。

その後、しばらくは京都にとどまるはずだった信長だが、十七日、何の予告もなしに岐阜に帰ってしまうのである。奈良興福寺の学侶《がくりょ》多聞院英俊《たもんいんえいしゅん》の日記には「上意トセリアヰテ下了《くだりおわんぬ》ト」とあるから、義昭と衝突したのである。衝突したという事実が奈良にまで聞こえているところを見ると、どうやらあからさまな喧嘩で、信長自身も義昭の非を周囲に吹聴したのだろう。

喧嘩の原因はだいたい想像がつく。それは、この三カ月後、信長が義昭に承認させた条書があるからである。

この条書は、全五カ条から成ったもので、宛名は朝山日乗《あさやまにちじょう》と明智光秀になっている。そして、義昭が袖判《そではん》（文書の右端に押す印）を押して承認する形をとっている。五カ条のうち、第一条、二条、四条を次に引用しよう。

第一条

「一、諸国へ御内書《ごないしょ》（将軍の書状）を以《も》って仰せ出さるる子細これあらば、信長に仰せ聞かせられ、書状を添え申すべき事」

第二条

「一、御下知《ごげち》（将軍の命令）の儀、皆以って御棄破（取り消し）あり、その上御思案なされ、相定めらるべき事」

第四条

「一、天下の儀、何様《いかよう》にも信長に任せ置かるるの上は、誰々に寄らず上意を得るに及ばず、分別次第に成敗をなすべき事」（『成簣堂《せいきどう》文庫所蔵文書』）

この条書を見てわかる通り、信長は義昭の将軍としての行動を封じようとしたのである。

室町将軍足利義昭は、最初から傀儡《かいらい》などではなかった。五畿内（山城・大和・河内・和泉・摂津）の守護の補任権《ぶにんけん》を持つなどの大きな権限を保持していたし、この後、広く味方を誘って反信長包囲網を形づくるほどの権威もまだ残っていたのである。

天下静謐執行権獲得 78

前に述べた五ヵ条の条書と同日、つまり一月二十三日付けで信長は、諸国の戦国大名たちに書状を送った。宛先となった顔ぶれは、畿内・近国の大名・国衆《くにしゅう》が中心ではあるものの、東方では東海道は三河・遠江《とおとうみ》の徳川家康、東山道は甲斐（武田氏）、北陸道は越中の神保氏、西方では出雲《いずも》の尼子《あまご》氏、備前衆（浦上氏）までの広い範囲にわたっている。

信長は彼らに何を伝えたのか。書状の文面は、次の通りの短いものである。

「禁中御修理、武家（将軍）御用、その外《ほか》天下いよいよ静謐《せいひつ》のために、来たる中旬（二月中旬）参洛すべく候の条、各々も上洛ありて御礼を申し上げられ、馳走《ちそう》肝要に候。御延引あるべからず候」（『二条宴乗日記《にじょうえんじょうにっき》』）

つまり、皇居の修理、幕府の御用、そのほか天下静謐のための行動を起こすため、自分は二月中旬に上洛する予定なので、おのおの方も上洛して、禁裏《きんり》（天皇）と幕府（将軍）に礼を尽くすように、との内容である。

同じ一月二十三日付けの二つの文書を合わせて考えると、信長の意図している路線がおおよそ見えてくる。つまり信長は、禁裏・幕府という古来の権威を操ることによって諸国の大名たちを支配していこうとしていたのである。

それにしても、文中の「天下いよいよ静謐のため」という表現は曖昧模糊《あいまいもこ》としているが、具体的にはどういう行動を指しているのか。禁裏にも幕府にも従わない、言い換えると信長の命令に従わない大名を討伐する。「天下いよいよ静謐のため」の行動というのは、そこまでの解釈が可能であろう。

信長は無論、呼び掛けた大名たちがすべて京都に上ってくるなどと期待してはいない。遠国の大名はともかく、近国の大名の中に従わない者がいたならば、上洛した大名を従えて、それの討伐に乗り出す。

この時点で信長の頭には、越前の朝倉義景の名があったにちがいない。先にあげた『二条宴乗日記』に載った宛名には、朝倉氏は含まれていない。しかし、『朝倉記』によると、たしかに上洛の誘いが信長からなされていたという。

二月中旬という当初の予定は大幅に遅れ、信長が岐阜を出発したのは二月二十五日であった。それにもかかわらず、信長の上洛の足取りはゆっくりである。途中、常楽寺《じょうらくじ》（現滋賀県蒲生郡安土町）にとどまり、近江の相撲取りらを集めて、相撲会を催しているほどである。これはおそらく、上洛を促した大名たちの様子を見ながら、わざと時を過ごしていたのだろう。

信長が京都に入ったのは、三十日の申《さる》の刻（午後四時）頃だった。大勢の公家や幕府奉公衆たちが、近江の堅田《かただ》や坂本（ともに現大津市）に迎えに出た。この時の上洛は小人数だったというから、史料には明記されていないが、常楽寺から堅田まで舟を利用したのだろう。

迎えに出たのは公家や武士ばかりでなかった。洛外の吉田（現京都市左京区）には、上京・

下京の市民が集まっていた。『言継卿記《ときつぐきょうき》』によれば、一町あたり五人あてのノルマが割り当てられていたというから、合わせて何百人もの人数が動員されたのだろう。

この後の信長を見ると、上洛する時あまりに大袈裟に迎えられることを好まない。あらかじめ「出迎え無用」の触れを出させることが多い。だが、この時はちがっていた。どうやら公家衆も奉公衆も、それに市民までも信長のほうから動員させたものらしい。なぜなのだろうか。それは、彼にとって、この時の上洛が大きな意味を持ち、京都とその近辺にいる者たちに宣伝する必要があったためである。この大仰な出迎えは、彼自身が演出したその後のセレモニーの前奏だったのである。

翌日、すなわち三月一日の午前中に、信長は幕府を訪ね、将軍に挨拶した。続いて午後、信長は参内《さんだい》した。衣冠を帯びた仰々しい姿だった。参賀の席が設けられ、大勢の公家衆が相伴した（『言継卿記』）。

橋本政宣氏はこの三月一日の参内に関して、信長が将軍から離れた立場で正式参賀を遂げたという事実に注目し、彼の位置と威勢を明示したものと評価している（「織田信長と朝廷」『日本歴史』四〇五）。また、立花京子氏はさらに論を進めて、この時こそ信長が天皇より天下静謐《せいひつ》執行権《しっこうけん》を獲得した時としている（「織田信長の全国制覇正当化の大義、天下静謐執行について」『歴史学研究』六九五）。

この後、越前遠征のため出陣するに先立って、信長が参内して暇乞いをしている事実、天皇が戦勝祈願をしているという事実を顧みた時、立花氏の説に納得がゆくであろう。

さらに付け加えると、越前遠征には、公家である飛鳥井雅敦《あすかいまさあつ》・日野輝資《ひのてるすけ》が従軍していることである（『言継卿記』）。彼らに烏丸《からすま》家・高倉《たかくら》家たちを加えた公家衆は、「武家昵近《じっきん》公家衆」と呼ばれ、天皇に仕えると同時に将軍にも奉公するという特殊な家柄なのである。将軍代行としての信長に従っている、と解釈できるのだが、信長のいくさに公家衆が従軍するのは初めてのことである。やはり三月一日に、信長の立場に大きな変化があったと考えてよい。

さてこの時、信長の呼び掛けによって上洛した大名は、三木自綱《みつぎよりつな》・北畠具房・徳川家康・畠山高政・一色義道《いっしきよしみち》・三好義継・松永久秀など多数に上った。遠方の大田垣（但馬《たじま》）・宇喜多（備前）・大友（豊後）は使者を遣わした。

だが、越前の朝倉義景からは何らの音沙汰もなかった。

越前遠征とその失敗

四月二十日早朝、信長は京都を出陣した。『言継卿記』によれば、三万ばかりの大軍だったという。信長の部将のほか、大和の松永久秀、摂津の池田勝正といった幕臣もこれに従った。飛鳥井雅敦・日野輝資といった公家も従軍したことは前に述べた通りである。

信長は前日、参内して天皇・皇太子に暇乞いをしている。幕府の上意、天皇の勅命、両方を帯びてのいわば公認のいくさであった。

ところで、その上意と勅命は、朝倉氏征伐を命じたものだったのだろうか。当時の日記を見ると、『多聞院日記』にははっきりと「越前へ手遣い」と書かれているが、より勅命について知っているはずの山科言継の日記には「直ちに若州へ罷り越す」となっている。

信長自身の書いた文書を見てみると、七月十日付けで毛利元就に宛てた朱印状には、次のように表現されている。

「若狭の国端に武藤（友益）と申す者、悪逆を企つの間、成敗を致すべきの旨、上意として仰せ出ださるの間、去る四月二十日出馬候」「かの武藤、一向に背かざるのところ、越前より筋労（圧力）を加え候。遺恨繁多に候の間、直ちに越前敦賀郡に至って発向候」（『毛利家文書』）

この文面を素直にとらえる限り、京都出陣の時点では、そのターゲットは若狭の武藤であり、上意も勅命も武藤討伐の命令だったことになる。

考えてみれば、「禁中御修理、武家御用」の呼び出しに応じなかったからといって、即討伐というのは性急にすぎる。それに越前の朝倉といえば、将軍義昭にとっては、二年間も世話になった恩人なのである。やはり上意も勅命も武藤討伐だったのではないだろうか。

しかし、信長は、はじめから越前に攻め込むつもりでいた。そうでなければ、なんで三万もの大軍を必要とするだろうか。武藤などは越前遠征失敗の後、部将の丹羽長秀と明智光秀だけであっさりと降参させているのである。明らかに反抗的な武藤という小者を利用し、言い掛かりをつけて朝倉氏を攻める、これが信長の最初からの筋書きだったのではなかろうか。

二十日に京都を出陣した信長は、琵琶湖の西岸を北上し、坂本を経由して和邇《わに》（現滋賀郡志賀町）に着陣、一夜を過ごした。二十一日は田中（現高島郡安曇川《あどがわ》町）泊、二十二日には若狭に入り、熊川《くまがわ》（現福井県遠敷《おにゅう》郡上中町）泊、二十三日に佐柿《さがき》（現三方《みかた》郡美浜《みはま》町）に逗留した。

目指す（はずの）武藤は、大飯《おおい》郡佐分利《さぶり》郷の領主。当然矛先を西方に向けなければならない。ところが信長の軍は二十五日、東へ向かって進軍を開始、越前敦賀郡に入った。そして、朝倉の将寺田采女正《うねめのしょう》の守る天筒山《てづつやま》城（現敦賀市）に攻めかかったのである。

天筒山城は、標高一七一メートルの山上に築かれた要害である。だが信長軍は力攻めに出た。この猛攻により、さすがの要害もその日のうちに陥落した。『信長公記』には、討ち取った首数千三百七十とあるが、味方の損害もかなりあったことだろう。

次の日、信長の軍は、天筒山の北西にある金《かね》ケ崎《さき》城に攻めかかった。金ケ崎城は、敦賀郡の主城。義景の従兄弟にあたる朝倉景恒《かげつね》が守っていた。しかし、これもその日のうちに開城した。その南方にある疋壇《ひきた》城もかなわないと見て守兵が逃亡。たった二日間で信長は、敦賀郡全域を占領したのである。

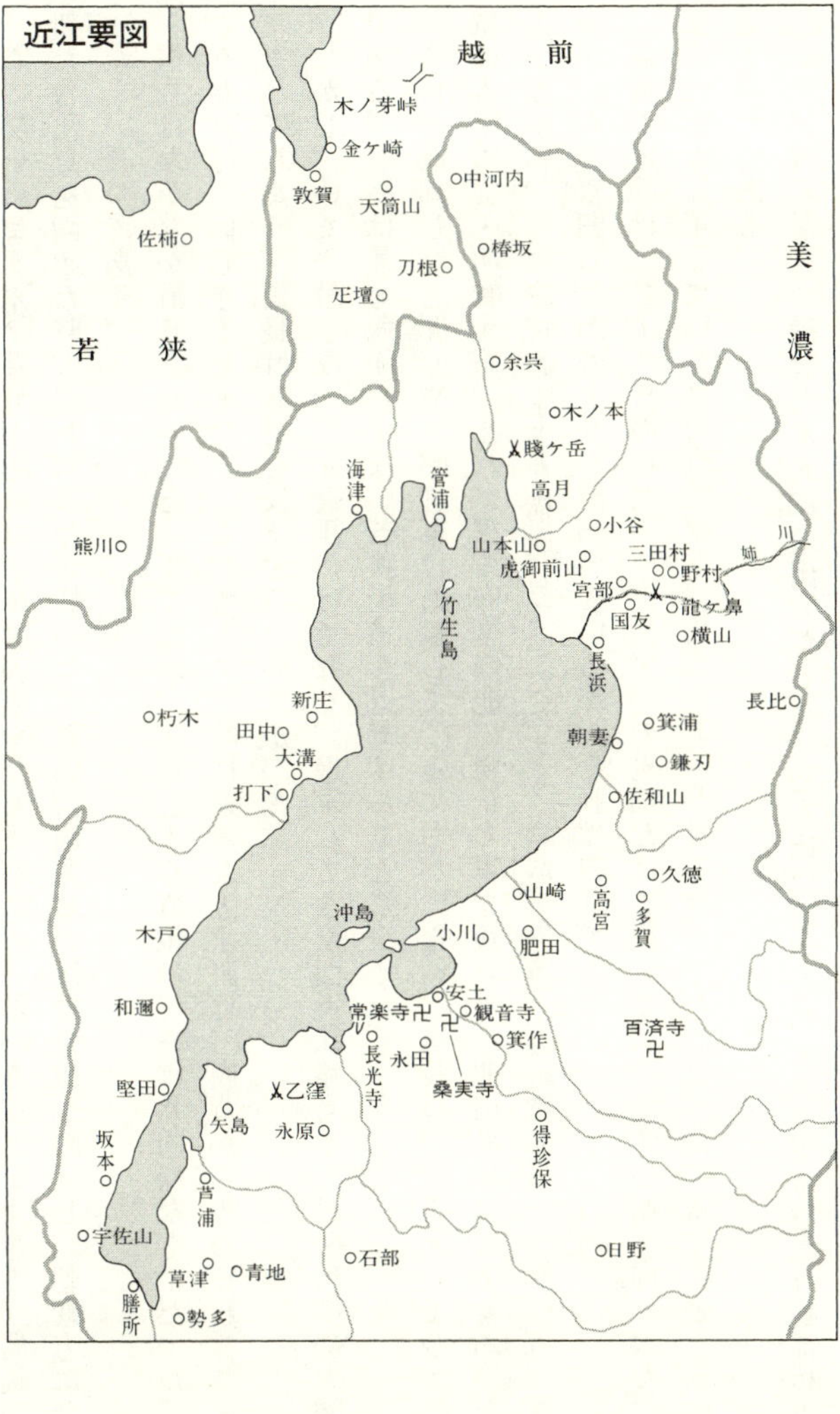
近江要図
越前
木ノ芽峠
金ケ崎
敦賀
天筒山
中河内
佐柿
椿坂
刀根
疋壇
美濃
若狭
余呉
木ノ本
賤ケ岳
海津
菅浦
高月
小谷
熊川
山本山
虎御前山
三田村
姉川
野村
宮部
龍ケ鼻
国友
横山
竹生島
長浜
長比
新庄
朽木
田中
箕浦
朝妻
大溝
鎌刃
打下
佐和山
久徳
山崎
高宮
多賀
沖島
木戸
小川
肥田
安土
和邇
常楽寺
観音寺
百済寺
箕作
長光寺
永田
桑実寺
堅田
乙窪
矢島
永原
得珍保
坂本
芦浦
宇佐山
石部
日野
草津
青地
膳所
勢多

この勢いのまま木《き》ノ芽《め》峠を越せば、朝倉義景をたちまちに追い詰めることができる、信長が新たな決意を固めた時、思わぬ情報が届いた。義弟で同盟者の浅井長政が離反し、朝倉方になったというのである。

信長はなかなか信じなかったという。だが、次々と入る情報は、やはり同様なものだった。こうなれば、信じざるをえない。ここで木ノ芽峠に進軍などすれば、腹背から攻められることになってしまう。信長は撤退を決意するほかなかった。

しかし、いまや敵となった北近江だけでなく、進軍してきた西近江路もまた浅井氏の勢力圏である。信長は最も危険の少ない若狭街道を退却することに決めた。

信長が退却したと聞くや、朝倉軍は追撃してくるにちがいない。信長は、殿軍《しんがり》として金ケ崎城に木下秀吉・明智光秀、それに摂津守護の池田勝正の軍を残した。池田の軍は三千もあったというから、この殿軍の主力を構成していただろう（『武家雲箋《ぶけうんせん》』『言継卿記』）。一般には、秀吉が一人で奮闘したかのように伝わっているが、それは誤りである。

信長の退陣は、二十八日の夜だった。わずかの馬廻だけを従えて、ひたすら南へ向かった。部将たちも従軍していた幕府直臣衆も、信長を追いかけるばかりだった。世に言う「金ケ崎の退《の》き口」である。

この退陣の最大の鍵は朽木《くつき》元綱《もとつな》の出方だった。朽木氏は途中の朽木谷（現滋賀県高島郡朽木村）の代々の領主である。幕府の奉公衆となってはいるが、一方では浅井氏に従い、知行の宛《あて》行《がい》を受けている。

信長にとって幸いなことに、朽木氏と浅井氏との繋がりは薄かった。それにひきかえ朽木氏は、京都を逐《お》われた将軍を匿《かくま》うなど幕府との関係は深かったし、二年前には、上洛直後の義昭が朽木谷の本領を安堵したという事実もある（『朽木文書』）。また、従軍していた松永久秀が、元綱を説得したともいう。久秀と元綱は旧知の間柄だっただろうし、それは本当かもしれない。いずれにしても元綱は逃亡中の信長を歓待して、無事に通してくれたのである。

信長がなんとか京都にたどり着いたのは、三十日の亥《い》の下刻、つまり夜の十一時頃。従う者はたった十人ほどだったという（『継芥記《けいかいき》』）。

宿将の配置と野洲川表の戦い

辛うじて京都に戻った信長は、そのまましばらく在京する。だが、事態は深刻だった。せっかく大部分を従属させたはずの近江では、江北《ごうほく》の浅井氏が離反しただけでなく、甲賀《こうか》郡に退いていた六角氏がそれに呼応して琵琶湖近くまで進出してきたのである。これでは、近江平定どころか、岐阜と京都を結ぶ通路まで塞《ふさ》がれてしまう。信長は、稲葉良通を守山に派遣した。

稲葉は期待に応えて、六角方となって守山を襲ってきた土豪たちを撃ち破り、なんとか琵琶湖沿岸の地を確保することができた。それを見て信長は、五月九日に京都を出発した。義昭には、敵の攻撃があればすぐに再上洛すること、勅使の山科言継には、皇居の修理は奉行に続行を命じていることを伝えるのを忘れなかった（『言継卿記』）。

十二日、信長は永原《ながはら》（現滋賀県野洲《やす》郡野洲町）に着き、数日滞在する。ここで彼は、通路の確保のため、琵琶湖南岸に沿って部将を配置するのである。

森可成《よしなり》を宇佐山城に置いたのは、『多聞院日記』によれば、この年の三月以前らしい。この時新たに置かれたのは、佐久間信盛―永原城、柴田勝家―長光寺城、中川重政―安土城である。この年の六月、横山城に木下秀吉、さらに翌年二月、佐和山城に丹羽長秀が置かれて、この体制は完成する。そして、はじめは暫定的な通路確保にすぎなかったこの体制が、その後、各宿将たちに近江の国衆が与力として付属されることにより、近江の分封支配体制に発展するのである。

この体制ができた直後の元亀元年（一五七〇）五月下旬、息を吹き返した六角氏が草津《くさつ》方面に出張してきた。いったんは没落した六角氏だが、甲賀・伊賀の土豪を中心とする数千の兵力を擁していた。長光寺城の柴田勝家と永原城の佐久間信盛は、連携してこれに立ち向かった。進藤・永原などかつて六角氏の家臣だった者も、佐久間の与力として従軍していた。

六月四日昼、野洲《やす》川北岸の乙窪《おちくぼ》（現野洲郡中主《ちゅうず》町）周辺で両軍は激突した。戦いは二、三時間で決着がついた。三雲《みくも》・高野瀬といった重臣をはじめ七百八十もの兵を討たれて、六角軍は南へ向かって逃げた。

宿将をぜいたくに配置したこの体制は、まずはその成果をあげたのであった。

姉川の戦い

岐阜に戻った信長のもとに朗報が届いた。堀秀村《ひでむら》の投降である。堀氏は、近江坂田郡に広く勢力を張っている有力国衆である。これを足掛かりにして、裏切り者浅井長政を討つことができる。信長はすぐに出陣の触れを出した。

信長の出陣は六月十九日だった。その日のうちに堀の持ち城である長比砦《たけくらべ》（現滋賀県坂田郡山東町）に入る。そして、軍勢の整うのを待った。

二十一日、軍勢を整えた信長は、一気に小谷城の近くまで進む。そして、小谷の南方二キロメートルほどの虎御前山《とらごぜやま》に着陣した。

初めて見る小谷城は、琵琶湖からの比高約三〇〇メートルの要害だった。力攻めをかけても、たやすくは攻めきれそうもない。信長はここで作戦を変更する。長期戦を覚悟し、まずそのための足掛かりを作ることにしたのである。新たに攻略目標とされたのは、小谷の南方約九キロメートルの位置にある横山城だった。

二十二日、信長は退却を始めた。それに応じて小谷城から軍勢が出て、その後を追った。敵に後ろを見せて移動する織田軍の危うい場面である。

だがこの時、殿軍を命じられた馬廻の簗田《やなだ》広正《ひろまさ》・佐々成政・中条家忠《ちゅうじょういえただ》が目覚ましい活躍を見せ、無事に織田の総軍を龍《たつ》ヶ鼻《はな》（現長浜市）まで移動させることに成功した。

二十四日より横山城攻めが開始された。まもなく徳川家康が、五千ほどの軍勢を率いて合流した。だが、ほぼ同時に、一方の浅井氏にも強力な援軍が到着した。いうまでもなく朝倉軍である。朝倉景健《かげたけ》を大将に、約八千が小谷城下に入ったのである。浅井長政は六千の兵とともに小谷城を出て朝倉軍と合流、横山城後巻《うしろま》きのために大依山《おおより》まで進んだ。

二十七日夜、夜陰にまぎれて朝倉・浅井軍は南へと動いた。そして浅井軍は野村（現東浅井郡浅井町）に着陣、朝倉軍はそれに引きずられる形で三田村（現同上）に陣取った。つまり、姉川を隔てて織田・徳川軍と向かい合う位置にまで進出したのである。

二十八日の夜が明けた。川を挟んで向かい合った両陣営には、もう遭遇戦以外の選択肢はなかった。

巳《み》の刻（午前十時）、徳川軍が真向かいに布陣している朝倉軍に襲いかかった。その東方の位置では、浅井軍が織田軍に向かって突進した。

なにしろ遮蔽物のない平地での戦いである。こうした場合、当然ながら兵力に勝るほうが有利に展開する。織田・徳川軍は合わせて二万をはるかに超えていただろう。それに対する朝倉・浅井軍は一万四千ほど。

ところが浅井軍は、三倍ほどの兵力の織田軍の備えを次々と突き崩し、信長の本陣にまで肉薄したと伝わっている。

だがこれは、江戸時代に書かれた本が、姉川の戦いの勝利は家康の敢闘による、ということを強調しようとした結果で、大袈裟な記述だと思う。ただ、この戦いにおける浅井長政の意気込みを考えると、浅井軍がかなり善戦したということは想像がつく。

信長を裏切った以上、彼を倒さなければ滅亡あるのみ。この場での決戦を最も望んだのは、ほかならぬ長政だっただろう。姉川での遭遇戦となったのも、長政が主導した結果だった。

浅井軍がせいいっぱい戦ったものの、勝敗が決するまでそう時間はかからなかった。やがて朝倉軍、浅井軍と崩れ立ち、北国脇往還を北へ向かって退却した。織田・徳川軍は、逃げる敵を小谷近辺まで追撃した。

この戦いでの朝倉・浅井軍の戦死者は、八千人あるいは九千人を超えるという。戦いの後の信長発給文書には、「野も田畠も死骸ばかりに候」「首数の事、さらに校量（較量＝比べ計ること）を知らず」とある（『津田文書』『毛利家文書』）。どれも大袈裟な数字、大袈裟な表現だが、追撃戦の時に朝倉・浅井軍の兵が大勢討たれたことは確かであろう。

この戦いに勝った信長は、予定通り横山城を落として木下秀吉を置き、江北に対する前線基地とする。さらに南方に孤立している佐和山城を丹羽長秀たちの軍に包囲させ、翌年二月に開城させた。一時は岐阜と京都とを結ぶ通路さえ危うくなっていた状態から、一気に状況を好転させたのである。

かといって、姉川の戦いは、朝倉・浅井両氏に決定的なダメージを与えたというわけではない。両氏との戦いは、この後も三年間続くのである。

二、信長包囲網の形成

野田・福島攻め

姉川の戦いに勝利を収めた信長は、七月四日の夕刻に上洛、ただちに将軍御所に行って勝利を報告した。そして、七日の未明に京都を発ち、岐阜に戻った。

だが、居城でゆっくりできる事態ではない。近江・越前だけでなく、信長の敵はあちこちにいるのである。

この月二十一日、三好三人衆に三好康長・篠原長房・十河存保《そごうまさやす》らが加わった一万三千もの軍勢が、阿波（現徳島県）から渡海して摂津中島天満森《てんまがもり》（現大阪市北区）に陣を張ったのである。

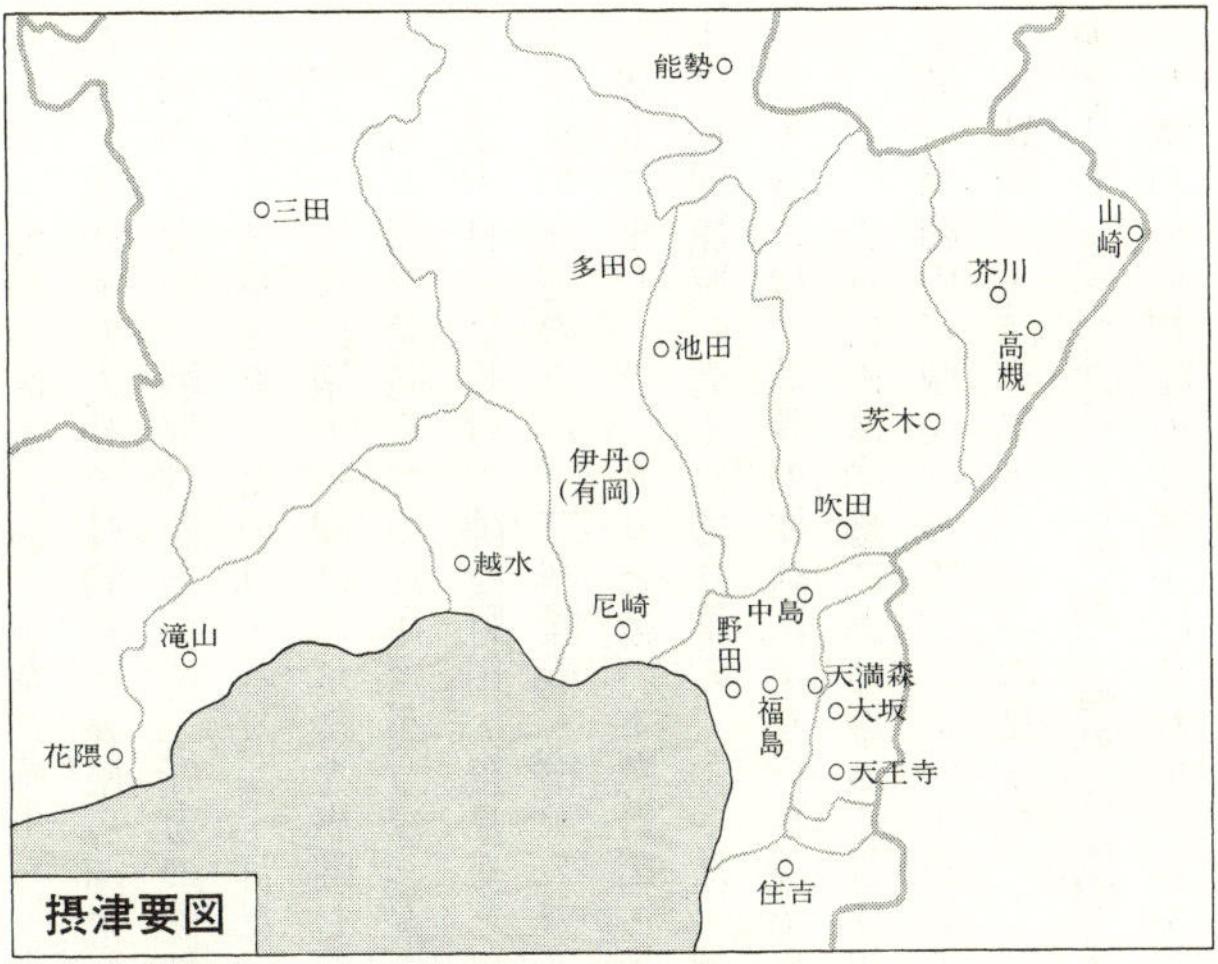

摂津要図

盟主として、管領家嫡流の細川六郎（後の信良）が立てられ、紀伊雑賀《さいか》（現和歌山市）の鈴木孫一や信長に美濃を逐われた斎藤龍興もこの軍に加わっていた。

彼らは、石山本願寺（現中央区）の西のデルタ地帯にある野田と福島（ともに現福島区）に砦を築き、京都と畿内をうかがう態勢をつくった。摂津では池田重成が三好方に味方して伊丹《いたみ》正親《まさちか》と戦う。さらに淡路《あわじ》からは三好一族の安宅《あたぎ》信康が到着、尼崎《あまがさき》に陣を取る。

京都の将軍義昭は、この事態を岐阜の信長に連絡する一方、畿内の守護たちに三好軍の追討を呼び掛けた。河内の三好義継・畠山高政は、河内の古橋《ふるはし》城（現大阪府門真《かどま》市）に兵を置いて防ごうとしたが、三好方はここを攻めてあっさりと攻略してしまった。大和の松永久秀も、大和・河内境界の信貴山《しぎさん》城（現奈良県生駒《いこま》郡平群《へぐり》町）に移って三好方と一戦を交える態勢をとったが、留守中の大和では筒井・箸尾《はしお》ら国衆たちが不穏な動きを見せているため、積極的な行動に出られない。戦局は明らかに三好方の優勢であった。

信長が岐阜を発ったのは、八月二十日だった。二十三日に、京都に入る。一日休息しただけで、二十五日に南方へ向けて京都を出陣した。信長に直接従った兵は三千ほどだったが、前々日から京都を発向していた兵は四万ほどもあったという（『言継卿記』）。

二十六日、信長は本陣を野田・福島から五キロメートルほど南方の天王寺《てんのうじ》に置く。先陣として信長の部将のほか、三好義継・松永久秀・和田惟政《これまさ》といった畿内の守護たち、それに幕府奉公衆も従軍し、びっしりと敵の本拠野田・福島の両砦を囲んだ。両砦に籠った三好軍は、ひたすら長期籠城の構えに切り替え、まったく砦から兵を出さなかった。

三十日には、信長の要請により将軍義昭自らが出陣した。二千余の兵がそれに従った。そして、九月二日に摂津中島にある堀城（現淀川区）に入った。八日、信長は天満森《てんまがもり》に本陣を進め、敵城の周囲の水域を埋めて、いよいよ敵城の攻略に取りかかった。

攻城戦は大詰めに入ったかに見えた。十二日、信長は義昭とともに、敵城とは目と鼻の先の海老江《えびえ》城（現福島区）に移動。軍勢は塀際まで攻め寄せて、鉄砲をもって攻撃する。進退極まった城内から和睦の要望が出された。しかし、信長は取り合わなかった。このまま両砦を力攻めにして、三好三人衆たちの息の根を止める覚悟であった。

本願寺の敵対

九月十二日の夜半、本願寺の鐘が突然打ち鳴らされた。何事が起こったのか、と信長方の将兵が立ち騒ぐなか、信長の軍の守る楼岸《ろうのきし》・川口の砦に鉄砲が撃ちこまれた。本願寺が敵となって、信長方を攻撃したのであった。

すでにこの月の六日、本願寺の法主《ほっす》顕如《けんによ》は、近江中郡（湖東の犬上・神崎・蒲生三郡）の門徒に宛てて、無理難題を懸けてくる信長と戦うように、との檄文《げきぶん》を送っていた。さらに十日には、信長の敵浅井氏と懇意にする旨の書札《しょさつ》を通じていた。野田・福島を奪ったなら信長は、すぐ近くの石山本願寺の開け渡しを要求してくるにちがいない。そうした危惧が顕如をして、信長に反抗する決意を固めさせたのだろう。

十四日、本願寺から一揆勢が出陣し、信長の馬廻たちが守る天満森を攻撃した。馬廻たちは、この攻撃を受け止めて、淀川の春日井堤というところまで反撃。ここで激しい戦闘があったが、ついに一揆を追い払うことができた。

本願寺の敵対により、たちまちのうちに攻守ところを変え、信長軍は押されがちになってしまった。十六日、信長は攻撃の手を休め、本願寺と和睦の交渉に出た。どのような条件につい

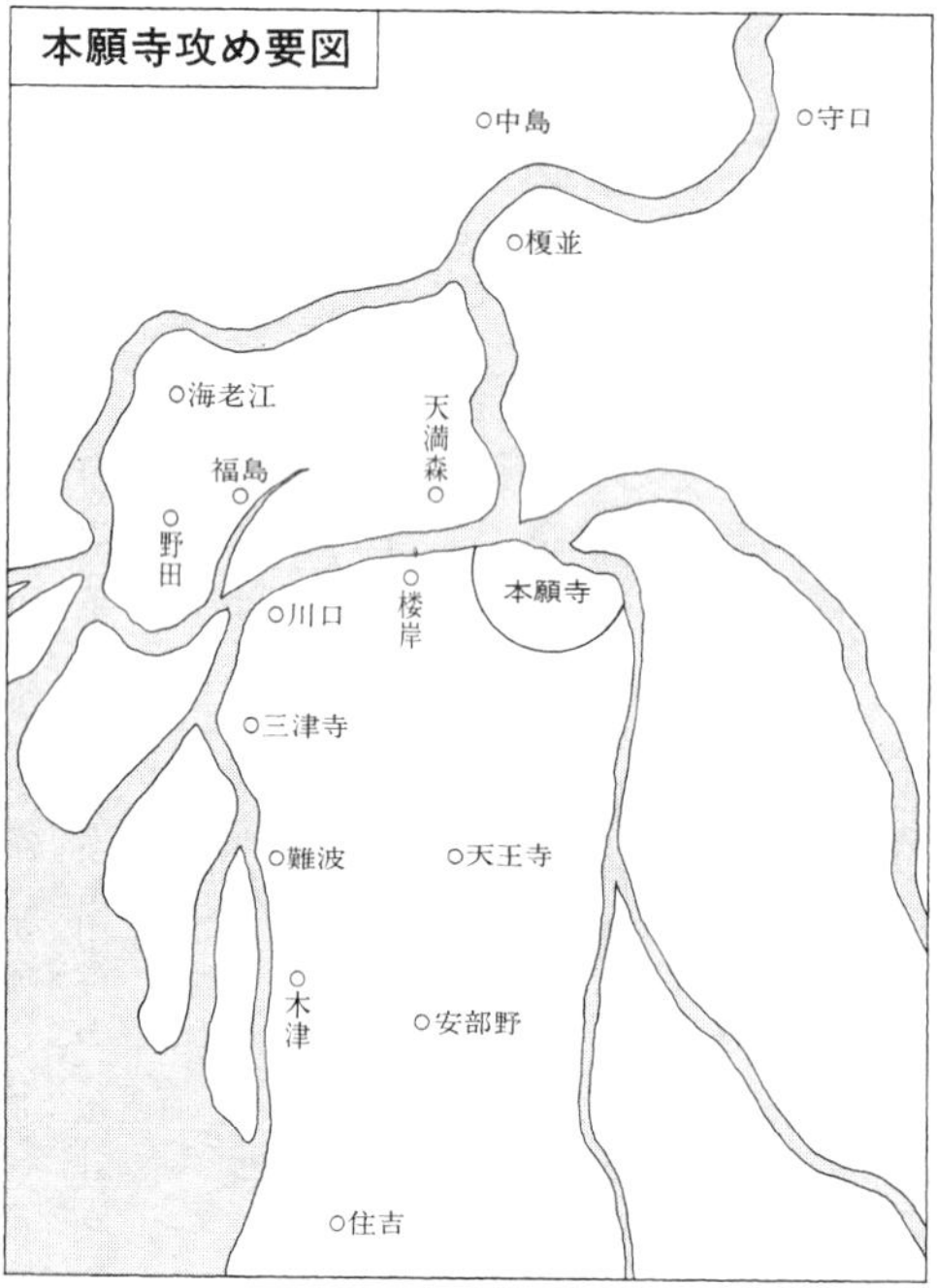

て話し合われたのかわからないが、何度も交渉したにもかかわらず、結局それは物別れに終わってしまった。

二十日、再び戦いが始まった。本願寺の一揆は榎並《えなみ》（現城東区）の陣を襲った。この戦いで、その陣を守っていた将軍の直臣野村越中守が討ち死にした。

このような戦況では、海に追い込まれてしまいかねない。二十二日、信長は義昭を伴って、海老江の陣を引き払い、天満森に戻った。そこに追い討ちをかけるかのように、北方からの注進が信長にもたらされる。

九月二十二日、天満森の信長の陣にもたらされたのは、朝倉・浅井軍の進出と森可成《よしなり》の戦死の報であった。南方で本願寺相手に苦戦している隙に、北方の敵に虚を突かれたのである。信長が本願寺と和睦の交渉をしている最中の十六日、朝倉・浅井連合軍は琵琶湖の西岸を通り、下坂本まで進出してきた。三万ほどの軍勢だったという。

三万というのは『信長公記』にある数字で、多すぎるように思うが、『言継卿記』などの当時の記録にも、三万から四万という数字が載せられている。朝倉・浅井の兵だけでなく、近江の一揆が本願寺の檄文に従って大勢参加していたのだろう。

信長は、敵として朝倉・浅井しか念頭に置いていなかった。そのため、防衛の軍勢としては、森可成に弟の信治《のぶはる》を付けた三千ほどの兵を宇佐山城に置いているだけだった。しかし、可成は勇将だった。十九日、一千ほどの兵を率いて宇佐山城を出、坂本の町外れに朝倉・浅井軍を迎え討った。

前哨戦で勝利を得たものの、翌二十日、朝倉・浅井に一揆も加わった大軍は、再び坂本に集結して可成軍に襲いかかった。多勢に無勢、可成・信治、可成の与力尾藤《びとう》源内・同又八、美濃の道家《どうけ》清十郎・助十郎兄弟、それに近江の国衆青地《あおじ》茂綱《しげつな》、合わせて数百人がここで討ち死にした。

勝ちに乗った朝倉・浅井軍は、その勢いで宇佐山城に攻めかかった。城将の可成はすでになく、城は与力の武藤五郎右衛門・肥田彦左衛門が守っていたが、彼らは敢闘して見事に持ちこたえた。

朝倉・浅井軍は、宇佐山城はそのままにして京都に入り、山科《やましな》、醍醐《だいご》（現伏見区）近辺を放火した。目指すは二条の将軍御所である。

信長はすぐに敵の動きに対処した。明智光秀と柴田勝家の軍を京都に戻して、将軍御所の守備を命じた。だが、京都に入った勝家は事態の重大さを見て、すぐに南方にいる信長に注進に及んだ。

志賀の陣と堅田の戦い

注進を受けて信長は、三好三人衆と本願寺との戦いを切り上げることを決めた。二十三日、総軍を天満森に集め、そこから京都に向かって退陣する。その日の夜半に信長も義昭も京都に到着した。ものすごい強行軍だった。

京都に着いた信長には、休息する暇などなかった。翌二十四日、逢坂《おうさか》を越して近江に出陣する。朝倉・浅井軍は坂本に着陣していたが、信長との決戦を避けて比叡山《ひえいざん》に上り、方々の峰に陣を張った。

山上に陣取る敵に戦いを挑むのは難しい。信長は比叡山延暦寺《えんりゃくじ》の僧十人ほどを呼び、次の通りの条件を出す。

ここで自分に味方してくれるならば、分国中の叡山領はすべて還付しよう。出家の身ゆえ一方に味方できないならば、せめて中立を守ってほしい。もしこのまま敵に味方するならば、延暦寺はことごとく焼き払うであろう。

延暦寺側は、返事をしなかった。つまりこのまま朝倉・浅井の味方をするという覚悟を翻さなかったのである。信長はしかたなく持久戦を覚悟した。二十五日より叡山の麓をびっしりと取り囲んだ。総軍のほとんどを挙げての包囲戦だった。

両陣営のにらみ合いは、この後三ヵ月近くも続く。その間、しびれをきらした信長は、朝倉の陣に使者を送って決戦を誘ったこともあった。だが、そんな挑発に乗るような義景ではなかった。

たった一度だけ両軍の衝突があった。堅田《かただ》（現大津市）の戦いである。

志賀郡の堅田は、古くからの琵琶湖水軍の基地である。湖上の特権を室町幕府からも容認されており、戦国時代には水軍さえ編成されて、戦国大名からほとんど独立した形で発展した地域である。その地には近年、本願寺の勢力が浸透しつつあった。湖の南岸を征服した信長だが、この堅田の町は掌握しきってはいなかった。

十一月二十五日、堅田の地侍である猪飼野《いかいの》昇貞《のぶさだ》・居初《いそめ》又次郎・馬場孫次郎が信長に通じてきた。信長はこのチャンスを逃さず、重臣の一人である坂井政尚を堅田に派遣して、この地を確保しようとした。坂井は一千ほどの兵を率いて堅田に乗り込んだ。

ところが、この動きは山上にいる朝倉義景の知るところとなった。前波《まえば》景当《かげまさ》らの軍を即座に堅田に送り込んだ。

翌二十六日、前波らの朝倉軍に一向宗門徒たちの加わった大軍が堅田を襲った。坂井のもと猪飼野ら地侍たちはこれに応戦し、双方とも多数の戦死者を出す激戦になった。だが、結局は多勢に無勢、坂井らはここで討ち死に、堅田は朝倉軍の占領するところとなってしまった。

叡山に着陣して織田軍の攻撃を封じる。時に応じて兵を出す。本願寺が味方しているから、門徒たちも応援してくれる。両軍のにらみ合いは、完全に朝倉・浅井側のペースで進んだ。

信長は行き詰まってしまった。国許の尾張からは、長島の一向一揆が蜂起し、小木江《こきえ》城(現愛知県海部郡立田村)を守っていた弟の信興《のぶおき》が攻め殺されたという情報も入った。

一方、叡山に着陣している朝倉・浅井軍もそろそろ兵糧が尽きてきた。しかも朝倉軍にとっては、日を送るほど雪が深くなって帰陣しづらくなってしまう。両陣営我慢比べの状態だった。

ここで先に動いたのは、信長のほうであった。将軍と天皇、両方を動かすのである。

十一月二十八日、将軍義昭は三井寺まで下り、関白二条晴良《にじようはれよし》を動かして和睦の仲介に努めさせた。さらに十二月九日、延暦寺宛てに綸旨が出された。

織田と朝倉・浅井との和睦が成立したのは十二月十三日であった。帰陣の保証のため、重臣の子が人質として交換された。信長方からは、柴田勝家の子と氏家直元の子が朝倉方に渡された。

信長は和睦が成立すると、すぐさま陣を引き、その日のうちに軍を返す。一方の朝倉・浅井軍は、織田軍が引き揚げた後の十五日に山を下り、深い積雪の道を北に向かった。

朝倉氏・浅井氏にとって、信長を倒すならば、姉川の戦いなどではなく、この志賀の陣だっただろう。江南の一向一揆と連携して山を下ったならば、勝機は十分にあったはずである。それをただ比叡山に立て籠るばかりで、みすみすチャンスを逃してしまったのである。

信長のほうからいうと、この志賀の陣は、彼の戦歴の中でも最も苦しい戦いであった。その苦戦を、将軍と天皇を動かすことにより切り抜けたのだが、敵がそれ以前に決戦を挑んだならば、勝敗の帰趨《きすう》はわからなかったにちがいない。

箕浦の戦い

姉川の戦いに勝って、横山城を落とした信長は、この城の城将として木下秀吉を入れ置いた。この年五月に湖の南に配置した宿将は、京都と岐阜の通路を確保するための、どちらかといえば「守り」の役割だったが、秀吉の横山城は浅井氏攻撃の最前線、「攻め」のための拠点である。秀吉は坂田郡の有力国衆堀秀村らを与力として、浅井氏滅亡までこの城を居城とする。

小谷城と横山城との間の戦線は、しばらくはそのままだったが、元亀二年（一五七一）五月に動きがあった。五月六日、浅井長政が小谷城を出て横山城近くに陣を布く。そして、部将の浅井井規《いのり》に堀氏の居城鎌刃《かまのは》（現坂田郡米原《まいはら》町番場《ばんば》）を襲わせたのである。鎌刃城攻撃隊は、江北の一向一揆も加わって五千もの人数だったというが、一揆も入れるとそれぐらいいたのかもしれない。

その報を受けた秀吉は、すぐさま横山城を出陣した。だが、浅井本隊に牽制《けんせい》されているため、全力をあげて救援するわけにはいかない。城兵のほとんどは城に残して竹中重治の指揮に任せ、自らはわずか百騎ほどだけ率いて救援に向かった。

鎌刃城は、横山城の南方七キロメートルほどの位置にある。秀吉は、大勢の敵から隠れながら山の裏を南下して鎌刃に到着、鎌刃の城兵と合流するや、一気に箕浦《みのうら》（現坂田郡近江町）に着陣している敵に攻めかかった。

鎌刃の兵を合わせても五、六百。だが秀吉軍は、数倍もの敵を切り崩し、逃げる敵を追撃した。湖伝いに北へ向かって逃れた浅井軍は、八幡《やわた》（現長浜市神前《しんぜん》町）あたりでいったん持ちこたえて反撃してきたが、秀吉は休まず攻撃を続けた。この勢いに浅井軍は小谷城に逃げ込むしかなかった（『松下文書』）。

一方、秀吉が留守した横山城は浅井本隊の攻撃を受けたが、竹中の奮闘によって無事守り切ったという（『浅井三代記』）。

敵地の中に取り残された形の横山城が織田方として維持できるのは、坂田郡の有力者堀氏が味方しているからである。その堀氏の居城鎌刃が敵に渡ったなら、信長の江北作戦は大きく後退せざるをえない。この木下秀吉の奮戦によって信長は、なんとか浅井攻めの最前線を維持することができたのである。

叡山焼き討ち

八月十八日、信長は岐阜を出陣し、江北に向かった。まず木下秀吉の守る横山城にしばらく滞在する。二十六日、横山城を出て中島に着陣、翌日、越前との国境に近い余呉《よご》・木《き》ノ本《もと》近辺を放火して横山城に戻った。

二十八日、今度は一転して南方へと軍を進め、丹羽長秀の守る佐和山城（現彦根市）に入った。結局、この時の江北出陣では、小谷城を攻めることはなかった。

そもそもこの出陣自体、江北での戦いを予定したものではなかった。目標は南にあった。いったん北へ軍を進めたのは、朝倉・浅井氏を牽制するだけの目的だったのだろう。

九月一日、江南に配置していた佐久間信盛・柴田勝家・中川重政・丹羽長秀の四将に命じて、小川《おがわ》・志村《しむら》（ともに現神崎郡能登川町）の両城を攻めさせる。小川城主は小川祐忠《すけただ》、志村城主は志村筑後守、いずれも神崎郡の国衆で、六角氏に従っていた者たちである。六角氏没落後も降参せず、浅井氏とも通じて信長に反抗していた。四将の軍はまず、志村城をたちまちに陥落させた。討ち取った首数六百七十というからほぼ皆殺しだろう。それを見た小川は抵抗を止め、人質を出して降参した。

信長は三日、常楽寺《じょうらくじ》に逗留。ここで江南の一向一揆の拠点である金森城《かねがもり》（現守山市）を攻めさせる。金森城には石山本願寺より有力門徒の川那辺《かわなべ》秀政が派遣されて指揮をとっていた。佐久間たちの軍はここで包囲体制をつくったが、かなわじと見た川那辺は、あっさりと人質を出して降参した。

十一日、金森の開城を見て、信長は常楽寺を出発、諸将にはさらに軍を南へ進めることを命じた。そして瀬田《せた》川を越し、三井寺近辺に着陣する。

この時の信長軍の動きを、京都にいる公家たちはどう見ていただろうか。おそらくこのまま京都に入ると考えたのではなかろうか。

十二日は小雨模様の天候だった。その中を、早朝のうちに信長は軍勢を坂本まで移動させた。坂本は、当時近江随一といわれた町であり、陸上・湖上の交通の基点だったところである。平安時代から延暦寺と結ばれ、戦国時代にはほとんどその支配下にあった。延暦寺の堂舎も多数あったという。

十二日朝、坂本の町に入った信長軍約三万は、すぐさま町に火を放ったのである。さしもの繁栄を誇った坂本の町も、たちまち炎に包まれた。まず民家が燃やされ、続いて町中にある延暦寺の堂舎、さらに郊外にある日吉《ひえ》神社にも放火された。叡山の象徴として諸人を畏怖させた神輿《みこし》も、この火にあってあっけなく燃えてしまった。信長軍は、坂本を焼く猛火を尻目に延暦寺目指して山を上った。

延暦寺にいた僧俗が驚愕する暇もなく、山に上った織田軍の兵たちは彼らに襲いかかった。出会った者は次々と斬られ、隠れた者も鉄砲で撃たれた。女性・少年さえも助命されなかった。根本中堂《こんぽんちゅうどう》をはじめとする伝統ある建造物にも火が放たれた。伝教大師最澄《でんぎょうだいしさいちょう》が開いて以来七百八十年余り、聖域として崇められてきた叡山に地獄絵が現出したのである。

この坂本から叡山にわたっての焼き討ちで殺された者の数は、『言継卿記』には三千〜四千人、『年代記抄節』にはおよそ千六百人、そのほか諸書によって差があるが、千人は下らなかったであろう。

ただ、信長の部将たちの中には、この焼き討ちに批判的な者もいた。佐久間信盛が焼き討ちをとどめようとしたと伝わっているし、木下秀吉の部署ではあまり殺戮《さつりく》は行われず、道を開けて逃してやった僧俗が多かったという。そのおかげで難を逃れた重宝もあった。今も残っている西塔北谷《さいとうきただに》の瑠璃《るり》堂は、この時奇跡的に猛火から逃れたものだという。

ところが近年の発掘調査では、山上の延暦寺跡にはあまり焼かれた跡は存在しないという結論が出ている。この頃すでに、延暦寺の堂坊の大半は坂本に移っていたらしいというのである。だが、『言継卿記』によれば、信長の軍は翌十三日にも東塔《とうとう》から横川《よかわ》にかけて放火するなど、十五日まで山上での焼き討ちを続けている。根本中堂・大講堂をはじめ、まだかなりの建物が山頂に残っていたのは確かである。しかし、『信長公記』をつぶさに読み返すと、殺戮自体は山頂ではなく、主に八王子《はちおうじ》山あたりで行われた様子である。

まだ叡山の放火が続いている十三日の巳《み》の刻（午前十時）、信長は小姓・馬廻だけを率いて入京した。すぐに将軍御所に訪礼し、妙覚寺に入った。世間を驚愕させることを行った直後なのに、なんら悪びれた態度もなく、いつも通り公家たちと接している。天皇からも、王城の鎮守殲滅《せんめつ》に対する抗議はなかった。ただ天皇の側近に奉仕した女官の手による『御湯殿の上の日記』に、「天下のため笑止なる事（気の毒なこと）、筆にもつくしがたき事なり」としたためられただけであった。

延暦寺・日吉神社は、建物が焼かれて僧侶や神官が殺されただけではなかった。寺領・社領ことごとく没収され、その存在すら消されたのである。そしてその旧領は、江南に配置していた部将、明智光秀・佐久間信盛・柴田勝家・中川重政に与えられた。彼らはその領地を基盤にしながら、近江の国衆たちを与力として麾下に置くという、近江の支配体制がここに整うのである。

対信長大包囲網

元亀三年（一五七二）が明けて、信長はしばらく岐阜を動かなかった。表面的には平穏無事なようだが、その実、事態はますます悪化していた。将軍義昭との確執はさらに深まっているし、畿内では、松永久秀・三好義継が信長から離れて、長年の仇敵だった三好三人衆と結んでいた。

本願寺も近江の門徒に命令して、反信長の一揆を蜂起させている。この一月には、甲賀郡に逼塞《ひっそく》していた六角氏が一揆と連合して湖近辺まで進出し、金森・三宅《みやけ》両城に立て籠った。越前の朝倉、江北の浅井に加えて、畿内の半分は敵、本願寺を敵に回しているため近江の湖南ですらままならないというのが、当時の信長の状況だった。

こうした状態を打開するには、やはりまず湖南の掌握から始めなければならない。信長は、湖の南に置いた佐久間信盛と柴田勝家に金森・三宅を攻撃させた。そして周囲の村々に対し、六角氏に味方しないよう、いちいち起請文《きしょうもん》（誓紙）を提出させた。いわゆる「元亀の起請文」である。こんなことまでしなければならないほど、事態は深刻だったのである。

信長自身が動いたのは三月五日だった。江北に向けて出陣したのである。七日、信長は余呉・木ノ本近辺を放火した。浅井と越前の朝倉に対する挑発である。姉川の戦いの時のように朝倉・浅井軍が出撃すれば、ここで壊滅的打撃をあたえようという作戦だった。だが、浅井長政は小谷城から一兵たりとも出撃させなかったし、朝倉義景のほうも、出陣することを本願寺など味方に触れてはいたものの、結局は近江に姿を現わさなかった。信長はあきらめて九日に横山城に戻り、江北作戦を中止した。

十二日に信長は京都に入る。そしてそのまま二カ月余りも京都にとどまった。その間、将軍義昭のおせっかいによる京都の宿所の建設もあったし、河内交野《かたの》城（現大阪府交野市）を救援したりもした。この頃の畿内は、摂津でも河内・大和でも守護や国衆たちの争いが絶えなかった。なかでも目に余るのは、大和の松永久秀と河内の三好義継の動きである。

久秀は、とっくに信長を見限っていた。前年の五月から武田信玄と連絡をとり、その上洛に期待を寄せていた（『武州文書』）。

信玄の上洛に期待しているといえば、本願寺の顕如も、そして将軍義昭も同様であった。この年一月十四日、顕如は信玄に太刀等を贈り昵懇《じっこん》を重ねているが、その書状の中で、信長が攻めて来そうなので、それを牽制してほしいと頼んでいる（『顕如上人御書札案留』）。

義昭の信玄宛ての御内書は、この年五月十三日付けだが、信玄が忠節を誓ってきたことに喜びを表わし、「天下静謐の馳走油断あるべからずの事専一に候」と述べている（『大槻文書』）。文中には信長云々というくだりはないけれど、すでに信長を倒すため暗躍を重ねている義昭である。「天下静謐」とは打倒信長のことを指しているにちがいない。

永禄十一年（一五六八）に信長が上洛して以来、織田と武田の間はいちおう友好関係が続いていた。しかし今、畿内の敵の策動によりそれが崩れようとしていた。武田信玄が反信長の態度を鮮明にすれば、これはまさしく反信長の大包囲網が形成されることになる。

江北出陣、小谷城攻め

七月十九日、信長は江北へ向けて岐阜を出陣した。この時の陣は、嫡男信忠の具足《ぐそく》初め、つまり初陣《ういじん》であった。佐久間・柴田・木下・丹羽・蜂屋など主立った部将のほとんどが動員された。総勢五万余の大軍だったという。単に信忠の初陣の祝いということで、これだけの大軍が編成されたわけではない。江北に出陣する信長には決意があったのである。形成されつつある反信長大包囲網を打開するためには、まず浅井を葬っておかねばならない。朝倉が支援にやってくれば、これも一緒に叩く。信長はこの時、朝倉・浅井との決戦を念頭に置いていたのである。

信長は二十日に横山に入城、翌二十一日から早くも小谷城攻撃を始めた。攻撃は、猛烈でかつ徹底したものだった。佐久間らの隊で小谷の城下を踏みにじり、木下に支城の山本山を攻撃させる。浅井氏に味方する一向一揆の拠点となっている寺々を焼き払い、山に籠っている一揆をことごとく切り捨てる。さらに湖からは明智の率いる船団が浜手を攻撃して火を放った。そして信長は、小谷城の南方わずか二キロメートルの虎御前山《とらごぜやま》に砦を築き、いよいよ城攻めに取りかかろうとした。

浅井氏が頼みにする朝倉軍は、二十八日に近江に入り、柳ケ瀬《やなせ》(現伊香郡余呉町)に着陣した。朝倉義景自らが率いる一万余りもの大軍である。

だが、小谷城は信長の大軍にびっしりと取り巻かれている。義景は決戦を避けて、小谷城の北西にある大嶽《おおずく》と呼ばれる山に上り、陣を張った。そして、この高地に軍を集結させたままま ったく攻勢に出る気配がなかった。虎御前山の砦が着々とでき上がってゆくのを見ても、それを妨害することとすらしなかったのである。

八月八日、優柔不断な主君にあいそをつかしたのか、朝倉の重臣前波《まえば》吉継をはじめ、富田長《とだなが》繁《しげ》・戸田与次郎・毛屋猪介《けやいのすけ》らが投降してきた。戦いはなくとも、それなりの成果をあげたともいえるが、小谷城だけでも葬りたい信長は焦っていた。東方では武田信玄の出陣が近いとの情報も届いている。信長は側近の堀秀政を使者として義景に申し込む。せっかくここまで出陣してきたのだから、日を決めて決戦しようではないか、と。

こんな突飛な要求を義景が呑むはずはない。こんなところにも、この時の信長の焦りがうかがわれる。

結局この時の陣では、朝倉・浅井を叩くことはできなかった。横山と虎御前山との間にある八《や》相山《あいやま》と宮部《みやべ》（現東浅井郡虎姫町）に繋ぎの砦を築き、通路を整備すると、九月十六日、信長は横山に兵を引き揚げ、まもなく岐阜に帰陣した。

三方原の戦い

武田信玄が躑躅《つつじ》ヶ崎（現山梨県甲府市）の館を出陣したのは、十月三日のことであった。本願寺・松永・朝倉・浅井とはずっと以前から連絡をとっている。大義名分のため、将軍義昭を奉じる手筈も整っている。必勝を期して信玄は信濃に軍を進めたのであった。

しかし、この時の信玄の頭には、このまま一気に上洛するという青写真があっただろうか。遠江・三河の徳川家康を蹴散らすことは簡単だけれど、その後、信長の本拠地である尾張・美濃を突っ切って近江まで軍を進めるのは至難の業である。第一長く伸びた兵站《へいたん》線をどうするのか。遠江・三河を確保し、チャンスがあれば信長と一戦を交える、このあたりがこの時の信玄の思惑だったのではなかろうか。

信玄の軍は信濃を南下して遠江に入り、二俣《ふたまた》城（現静岡県天竜市）を落とした。そして、家康の居城浜松に迫った。別働隊の秋山信友は本隊と分かれて美濃岩村城（現岐阜県恵那郡岩村町）を落とした。

この間の信長の動向については、不思議なほどわからない。だが、状況より見て、美濃の軍を集結させて信玄との決戦に備えていたと考えてよいと思う。

信長が家康のもとに派遣した援軍は、佐久間信盛と平手汎秀《ひろひで》の軍である。それに、信長の家臣でありながら家康付きとされていたらしい水野信元も加わっていた。しかし、合わせて三千というから、あまりにも貧弱な援軍である。佐久間は織田軍の最有力部将、平手は織田家代々の家老の家柄、水野は尾張から三河にかけて大きな勢力を持つ水野一族の惣領《そうりょう》である。それを合計してわずか三千の兵というのは信じがたい。

おそらく信長は、彼らの兵のほとんどを尾張・美濃方面に残しておいたのだろう。信長の頭には、いざという時の尾張あるいは美濃での決戦しか頭になかったのである。ただ、家康が信玄を相手に全力を尽くして戦うか、監視する必要性から派遣した援軍だったのではなかろうか。

信長の援軍を含む、とはいってもわずか一万一千ほどの徳川軍は、十二月二十二日、二万五千ほどもある武田軍と三方原《みかたがはら》（現浜松市北西）で決戦を挑み、たちまちに打ち破られてしまった。

この戦いで、信長の援軍が敢闘したという形跡はない。水野は戦わずしてさっさと岡崎まで逃げてしまい、裏切って武田に味方したと疑われたほどである。佐久間もろくに戦わないで戦場を離れたらしい。平手だけが戦死しているが、これも、その戦死した場所から考えると、戦わずして逃げたところを追撃されて命を落としたものと思われる。

三方原での敗戦の報を受けた時には、さすがの信長も色を失ったであろう。だが信長にとって幸いなことに、その後の信玄の歩みは遅かった。三方原台地の麓の刑部《おさかべ》（現引佐《いなさ》郡細江町中川）で越年し、それから三河野田《のだ》城（現愛知県新城市）を囲んだものの、それを落としたのは二月中旬である。後から考えれば、死期の迫った身体をだましだましの進軍だったのだから無理もないことである。

それに信玄の期待していた反信長包囲網は、あちこちにほころびが生じていた。信長を挟撃するはずだった朝倉軍は、すでに近江を引き揚げ、越前に帰国していた。将軍義昭を中心とする本願寺・松永・三好も、バラバラの状態だった。こんな有様では、たとえ信玄の身体が持ちこたえたとて、三河から一歩も進めなかっただろう。

重病にあえぐ信玄は、野田から信濃に軍を返す。そして四月十二日、退却する途中の駒場《こまば》（現長野県下伊那郡阿智《あち》村）で死ぬ。信長がピンチを脱したというのはやや大袈裟だが、強敵の死がその後の信長の行動を速やかにしたのは確かである。

三、将軍追放と近国平定

義昭との対立の深まり

義昭が信長を見限り、その敵方に信長打倒を呼び掛けるようになったのは、いつ頃からなのだろうか。元亀元年（一五七〇）四月の越前遠征の時、すでに朝倉氏に通じていたという説もあるが、それは早すぎるだろう。

元亀二年の五月十二日付けの、松永久秀家臣岡周防守《おかすおうのかみ》宛ての武田信玄書状中に、次の文言がある。

「そもそも公方様（義昭）信長に対され御遺恨重畳《ちょうじょう》ゆえ、御追伐のため御色《おんいろ》を立てらるの由に候条」（『武州文書』）

つまり義昭は、この年の前半のうちには、かつての仇敵松永久秀とも結び、遠く武田信玄とも通じて信長打倒の策謀を企てていることは確実である。

面白いのは、それほどまでに憎んでいる相手なのに、義昭は信長の京都の館を建設してやろうとしたり、信長の要請に応じて久秀討伐のために幕府軍を派遣したりしていることである。信長のほうも義昭とことを構えないことを得策と考えて、表面上は衝突することを避けていた。

まるで狐と狸の化かし合いである。

だが、そうしているうち、反信長包囲網は、義昭の策動に乗って次第に大きくなる。ついには武田信玄も、反信長の動きを始めた。元亀三年七月から九月にかけて信長は、包囲網打開のため江北に出陣して浅井・朝倉を叩こうとしたが、結局は不首尾に終わった。

江北から帰陣した信長は、すぐさま十七ヵ条にも及ぶ異見書《いけんしょ》を書き、義昭に送り付けるのである。この異見書は、『信長公記』に引用されているばかりでなく、興福寺大乗院の尋憲大僧正《じんけんだいそうじょう》の日記『尋憲記』にも載せられている。また、信玄の目にも触れたという。信長が、自分が正義に則《のっと》って行動していることを宣伝するため、あちこちに写しを配ったものらしい。その内容は、将軍としての義昭の怠慢振り、勝手振りをいちいち挙げ、非難したものである。主な条文を意訳してみよう。

「朝廷のことについて、前将軍の義輝はいいかげんにしていたので、あんなこと（松永久秀らに襲殺される）になってしまった。上洛した時から朝廷を大切に扱うよう言っていたのに、忘れてしまっている。不謹慎なことだ」

「諸国に御内書を発給して、馬その他の物を無心しているのは、みっともないことだ。ぜひとも命令したいことがあるならば、信長が副状《そえじょう》を出して行うと前から約束している。それなのにその約束を無視して、勝手に御内書を出して用を言いつけている」

「奉公衆たちの中できちんと務めている者には似合った恩賞を与えず、新参でさほどの働きもない者に過分に与えている。そんなことでは、忠、不忠など関係ないことになってしまう」

「信長と親しい者には、女房衆にまでつらく当たっているという。困ったことだ。私と親しい者ならば一層目をかけてほしいのに、あべこべにされているとは、どういうことなのだろうか」

相手は将軍なのだから、もっと言い回しはていねいである。しかし、言っている内容は単刀直入、なんの遠慮もない。そして、最後の第十七条は、次のような内容の文で結ばれている。

「諸々の事について欲が深く、道理も外聞もかまわないと評判されている。だから貧しい土民・百姓までもが『悪御所《あくごしょ》』と悪口を言っている。かつて義教《よしのり》将軍（第六代将軍、恐怖政治を行って暗殺される）もそのように言われたと伝わっている。なにゆえこのような陰口を言われるのか、よく考えてほしい」

ここまではっきりと批判するということは、もう信長は義昭との決別を決心したと思ってよいだろう。あとは二人の衝突あるのみであった。

上京の焼き討ち

将軍義昭との決別を決心したものの、この時の信長の周囲は敵だらけであった。本願寺、三好・松永、朝倉・浅井、そしてなんといっても武田信玄。その上、元亀四年（＝天正元年）が明けて、北山城（現京都市左京区）の国衆たちや摂津の伊丹など、畿内では将軍方に付く者が続出した。

信長はここで常套手段に出た。和睦戦略である。側近の村井貞勝・島田秀満《ひでみつ》（もと秀順）に外交僧朝山日乗を添えて義昭に遣わし、なんとか講和を結ぼうとした。人質を用意し、へり下ってこの場を逃れて時間稼ぎをしようとしたのである。それにしても、半年前にあれほどの内容の異見状を突き付けておきながら、勝手といえばえらく勝手なやり方である。

義昭は勝ち誇っていた。信長からの要求を一蹴すると、信玄に呼応したつもりなのか、近江志賀郡の石山と今堅田の砦に自分の兵を入れて、信長打倒の気勢を上げたのである。二月二十日、信長はそれに応じて軍を起こした。義昭にまず打撃を与えて、講和までもっていこうとしたのである。

二十四日、柴田・明智・丹羽・蜂屋の軍が石山・今堅田を攻撃した。両砦とも、幾日も持ちこたえることができず、開城してしまった。義昭が期待していたであろう朝倉・浅井の後巻《うしろまき》きはなかった。義昭は朝倉・浅井だけでなく、武田信玄がじきに尾張まで進軍してくると予想していたのだろう。だからこそ打倒信長を旗印に自ら立ち上がったのである。しかし信玄の軍は三河の野田で止まってしまった。そして、軍を返す途中に信玄は病死してしまう。肩透かしを食った義昭には、不運だったというほかない。

三月二十五日、信長自身が岐阜を出陣した。武田軍が野田から進まないのを見て、まだ余裕があると考え、この間に義昭にひと打撃を与えようとしたのである。東方をうかがいながらの進軍だったので、ゆっくりした行程であった。

二十九日に逢坂《おうさか》に着いた時、将軍の側近で奉公衆だった細川藤孝と摂津の実力者荒木村重の二人が出迎え、信長に忠節を誓った。畿内でどれだけの者が将軍を離れて自分に味方するか、信長とてかなりの不安があったにちがいない。細川・荒木がいち早く駆け付けたことは、信長をえらく喜ばせた。その場で、名物の刀が二人に与えられた。

その日の正午、信長は京都に入り、知恩院に陣を張る。翌々日の四月一日、信長は吉田神社祠官、神祇大副《じんぎのおおすけ》の地位にある吉田兼和《かねかず》（後、兼見《かねみ》）を呼び出した。信長は兼和に問う。

「あなたの父の兼右《かねみぎ》は、興福寺が滅びる時は延暦寺も滅亡し、王城にも災いがあると言ったそうだが本当か」

兼和は答える。

「そのように言われておりますが、典拠はありません」

信長はまた質問した。

「将軍に対する、天皇・公家などの評判はどうか」

「天皇・公家だけでなく、万民の評判もよくありません」

信長は、この兼和の答えに満足した様子であった。この問答から、将軍と対決しようとしながら、その正義の拠り所を天皇に求めようとしている信長の姿、さらに京都の庶民の中に形成された世論をも気にしている信長の姿が読み取れる。

三日、信長の軍は京都の郊外に散った。北は賀茂、西は嵯峨、京都の四方に火が放たれた。義昭の度肝を抜くのが目的だった。すぐに和平交渉の使者が義昭のもとに出向く。しかし、義昭は和平を拒絶した。

四日、今度は上京に放火。上京がかねてより信長に反抗的だったので、ここがターゲットになったのである。軍勢に放火させながら信長は、二条御所を包囲し、義昭に和睦を迫った。かたくなな義昭の態度に接して、信長は正親町《おおぎまち》天皇を動かした。七日、関白二条晴良《はれよし》が義昭のもとに出向いて説得、次に信長を訪ねて同意を得た。ここにようやく信長と義昭との和睦が決定した。

信長は八日に京都を発って岐阜に向かった。だが彼は、まっすぐには岐阜に帰らなかった。六角氏の軍が立て籠っている鯰江《なまずえ》城（現滋賀県愛知《えち》郡愛東《あいとう》町）を佐久間・柴田たちの軍に攻撃させた。さらに、六角氏や一向一揆に味方してきた百済寺《ひゃくさいじ》（現同上）を焼き討ちして、全伽藍を焼滅させた。

将軍義昭の追放

信長と将軍義昭、二人が和睦したとて、すべてが解決したわけではない。傀儡に甘んじるつもりのない義昭がまた反信長を旗印として立ち上がることは目に見えている。

五月十五日、信長は佐和山を訪れた。ここもまた琵琶湖の水運の要地である。信長は、ここに岡部又右衛門をはじめとする職人たちを呼び寄せ、大船を造らせるのである。大船は、七月五日に完成した。長さ三十間（五四メートル）、幅七間（一三メートル）、これまでに類のないほどの規模を持った船であった。この大船は、目的通りに使われることになる。七月三日、将軍義昭は、再び打倒信長を旗印に立ち上がった。武田信玄の死にかかわらず、畿内の大多数が味方してくれると見込んだのだろう。二条御所に幕府奉公衆の三淵藤英《みつぶちふじひで》らを籠らせ、自らは南山城の槇島《まきのしま》城（現京都府宇治市）に移って、信長打倒の気勢を挙げたのである。

七日、信長は軍勢とともに用意していた大船に乗り、一気に坂本口まで渡航した。九日、信長は京都に入り、妙覚寺《みょうかくじ》（現上京区）に着陣した。

二条御所を守っていたのは、三淵のほかに義昭の側近とあとは武家昵近《じっきん》公家衆たち。これではとても信長軍の攻撃を守り抜くことなどできない。たちまち城を出て降参した。三淵のみが頑固に籠城したが、これも説得されて十二日に城を開け渡した。

十六日、信長は槙島に向けて軍勢を遣わした。主立った部将が総動員された七万という大軍である。信長自身は、十七日に京都を出陣した。槙島城は、宇治川の流れが形成した巨椋《おぐら》池の中に築かれた水城である。義昭は、この城こそ難攻不落と信じて立て籠ったのである。十八日、信長軍は二手に分かれて、この槙島城に襲いかかった。

義昭の思惑ははずれ、槙島城はあっけなく落ちた。城がもろかったというよりも、信長の人海戦術による攻撃がすごかったのだろう。この日のうちに義昭は、敗軍の将として信長の眼前にさらされることになってしまった。信長は義昭の一命は助け、追放にとどめた。義昭は枇杷《びわの》庄《しょう》（現城陽市）に移り、次いで三好義継の庇護を受けるため若江城（現大阪府東大阪市）に入った。ここで将軍を殺したならば、世間は信長という為政者をどのように批判するだろうか。おそらく信長はそこまで考えたのだろう。

朝倉・浅井氏の討伐

長年にわたる将軍との確執に決着をつけた信長は、八月四日、いったん岐阜に帰城した。だが信長は、はやくも四日後に再び岐阜城を出陣することになる。

浅井氏の麾下である、山本山城主阿閉《あつじ》貞征が信長方に寝返ったという情報が入ったからである。八日の夜のうちに岐阜を発った信長は、十日、早くも小谷城下に到着した。そして、大嶽《おおずく》の北にそびえる山田山に陣を取った。これ以後展開される朝倉軍追撃戦については、序章で詳しく語っているので省略する。十三日の夜、朝倉軍を追撃した織田軍は、その勢いで敦賀まで攻め込むのである。敦賀郡の武士たちは、ことごとく信長に降った。信長は十六日まで敦賀に逗留する。

十七日、信長はついに木ノ芽峠を越えた。三年前、浅井長政の裏切りにより、越そうとして越せなかった峠である。十八日に府中(現福井県武生《たけふ》市)まで進み、龍門寺《りゅうもんじ》(現同上)に陣を張る。

朝倉義景は、代々の本拠地一乗谷の館を捨て、大野郡山田庄まで逃れた。柴田勝家や稲葉ら美濃三人衆がこれを追った。

義景にとどめをさしたのは、身内であり、しかも朝倉家中ナンバー1だった朝倉景鏡《かげあきら》だった。保護を求めて逃げ込んできた主君に腹を切らせ、その首を信長本陣に持参したのである。義景の母親と嫡男も、探し出されて斬られた。孝景が斯波氏に代わって越前の守護職に就いてから五代、ここに朝倉氏は滅亡したのである。

信長はとりあえず朝倉氏の旧臣前波吉継《まえばよしつぐ》を守護代に任命して越前の仕置《しおき》(統治すること)を任せると、すぐに江北に軍を返した。二十六日、虎御前山砦に入る。すぐに小谷城攻撃が開始された。

攻撃の先頭を切ったのは、ずっと小谷攻めの第一線に置かれていた木下改め羽柴秀吉だった。二十七日の夜半、彼は、長政の守る本丸とその父久政のいる小丸の間にある京極丸を占領、父子の連絡を断ち切った。続いて小丸を攻撃する。二十八日、久政は切腹し、小丸は落ちた。

長政は、本丸一つまで追い詰められながらも、その後二日間抵抗を続けた。彼は、自害する前に、どうしてもなさねばならないことがあったのである。それはほかでもない。妻のお市と子供たちのこと。いかに信長でも、妹と姪は保護してくれるだろう。長政は妻を説得して、三人の娘と一緒に信長の陣所へ送った。だが、嫡男の万福丸は赦されるはずがない。これには家臣を付けて、密かに城を脱出させた。

九月一日、浅井長政は切腹した。ここに三年余りも信長の攻撃に耐え抜いた小谷城は落ち、江北の戦国大名浅井氏は三代で滅びたのである。脱出させた万福丸も、やがて潜伏先の越前で捕らえられ、関ヶ原（現岐阜県不破郡関ヶ原町）の地で磔にされた。

信長は小谷城に羽柴秀吉を入れ置き、浅井氏の旧領である江北の三郡の支配を任せる。そして、すぐに帰陣の途についた。

将軍方残党の討伐

将軍を追放した以後も、江北へさらに越前へと軍を進めて、年来の敵朝倉・浅井氏を滅ぼした信長だが、その後も軍を休めることはなかった。九月のうちに北伊勢に出陣して一向一揆と戦い、さらに畿内に動いて将軍方の残党を屈伏させるのである。北伊勢での戦いについては、第三節―一に譲るとして、ここでは畿内での戦いについて述べよう。

畿内で将軍方に付き、信長に反抗した主な者は、次の通りである。

山城　勝龍寺城　石成《いわなり》友通
大和　多聞山《たもんやま》城　松永久秀・久通
河内　若江《わかえ》城　三好義継
摂津　伊丹城　伊丹正親

このうちの石成は、三好三人衆の一人である。彼は居城勝龍寺に籠っていたが、将軍追放後まもなく長岡（細川）藤孝たちの軍に攻められ、討ち取られた。

十一月十日、信長は上洛する。この年三度目の上洛である。自身は京都にとどまり、佐久間信盛の軍に若江城（現東大阪市）を攻めさせた。それに先立つ五日に、将軍義昭は若江城を出て堺に移っていた。将軍がいないのを確かめての上で攻撃を命じたのだろう。

十六日、家老たちの裏切りにより、三好義継は追い詰められ、切腹して果てた。まだ二十五歳だった。思えば、幼くして三好長慶の養嗣子となって三好宗家を継いだものの、その後は三人衆や松永久秀に翻弄され続けた短い生涯であった。

若江城を葬った後、佐久間の軍は久秀の籠る多聞山城（現奈良市）にも襲いかかった。信長は、佐久間を仲介として、久秀に降参を勧めた。多聞山城をそのままの状態で開け渡すという条件である。久秀はその条件を呑み、十二月二十六日、居城を開けて降参した。

なぜ信長は、若い義継を死に追い込んだのに、老齢の久秀を助命したのだろうか。一つには、久秀という人物にまだ利用価値を認めていたということだろう。そしてもう一つは、彼の財産が目当てだったのではないだろうか。

久秀の居城多聞山は、西日本随一と評判をとったほどの豪華な城郭である。そして、そこには天下の至宝というべき絵画や茶道具がたくさん保管されていたという。信長は久秀と一緒にこれらの宝物が失われることを恐れたのではなかろうか。

第三節　本願寺を敵として

一、恨み重なる長島門徒

長島願証寺と信長

舞台は元亀元年（一五七〇）十一月、信長が比叡山に布陣している朝倉・浅井軍と対峙していた時、つまり志賀の陣にさかのぼる。畿内で三好三人衆および本願寺と戦い、さらに今、朝倉・浅井軍と対決、周囲敵だらけの信長である。その信長の本陣に、尾張から悲報が届けられた。小木江《こきえ》城（現愛知県海部郡立田村）城将だった弟信興《のぶおき》の戦死である。

尾張と接している伊勢長島（現三重県桑名郡長島町）は、木曾川・長良川・揖斐《いび》川が合流した中洲である。当時は、合流した川が複雑に入り組み、たくさんの中洲が網の目状に散らばっていた。その中洲の一つ長島にある願証寺《がんしょうじ》は、尾張・美濃・伊勢の門徒を統轄する真宗本願寺派の司令部であった。信長の分国であるこの三国の国人《こくじん》・土豪たちの中にも、信長と主従関係を保ちながら、一方では願証寺の指令を受けている者が数多くいる。

尾張一国時代から信長は、尾張最西端の海西《かいさい》郡の地をめぐって願証寺との争いがあった。しかし、真っ向から戦うということはなく、なんとか共存の形が続いていた。しかし、元亀元年九月、法主《ほっす》顕如が反信長の姿勢を明らかにすると同時に、にわかに西尾張も緊張状態になったのである。信長は長島に近い小木江城に弟の信興を置くほか、五明《ごみょう》（現海部郡弥富町）などの砦にも兵を入れて、願証寺主導の一向一揆に備えた。

しかし、信長自身と織田軍の主力が近江で身動きのできない状態になっているのを見て、願証寺はにわかに行動を起こした。十一月、長島の一揆勢が小木江城を襲ったのである。

信長はその報に接しても、どうしようもなかった。叡山の麓の陣中で、歯がみをするだけだった。そして二十一日、信興は自殺し、小木江城は陥落したのである。

元亀二年の戦い

翌元亀二年五月十二日、信長は長島攻めのため岐阜城を出陣した。五万余もの大軍といわれている。信長は軍を三つに分けた。自身が率いる本隊は津島（現愛知県津島市）に着陣、佐久間信盛の指揮する尾張衆の隊は中筋口、すなわち小木江方面より、柴田勝家を指揮官とする美濃衆中心の隊は西河岸の太田口（現岐阜県海津郡南濃町）より中洲に向かった。

その後の戦いがどのように展開されたかについては、まったくわからない。一揆方は、本城長島を中心に各中洲に砦を持ち、さらに西岸には大鳥居《おおどりい》（現桑名郡多度町）・屋長島《やながしま》（現桑名市下深谷部字柳ヶ島）・中江《なかえ》（現桑名市）の砦、東岸には市江島（現愛知県佐屋町と弥富町の間）・五明の砦、北方には前年奪い取った小木江城など、十数ヵ所の要塞の守りを固めている。しかも、それぞれの砦が川によって遮られている。信長にしても、部将の佐久間・柴田にしても、思うように攻められなかったのではなかろうか。織田軍は、敵の砦の近辺を放火するだけで、砦を攻撃することさえできなかった。それのみか、太田口から進んだ柴田隊は、山に籠った一揆から逆に攻撃を受ける状態だった。

十六日の夜、信長は攻撃をあきらめて退却を命令する。本隊と佐久間隊は速やかに軍を収めたけれど、柴田隊の退却は困難を極めた。左は山、右は川、「一騎打ち節所《せっしょ》の道」とある通り、狭い道に一列縦隊にならざるをえなかった。それでも勝家は、弓・鉄砲を先に立てて山側から攻撃する一揆を牽制させ、自ら殿軍《しんがり》を務めて退却した。

一揆勢は殿軍の柴田の隊に襲いかかった。柴田隊は踏みとどまり、ここでしばらく戦ったものの、主将の勝家が負傷し、旗指物《はたさしもの》まで奪われるという敗戦になった。その前にいた氏家直元（卜全）が殿軍を交替する。今度は氏家隊が一揆の矢面に立たされた。氏家隊は、柴田隊に比べてはるかに小勢である。一揆の攻撃をまともに受けて、指揮官の直元をはじめ大勢が戦死してしまうのである。

氏家直元を討たれながらも、太田口方面の織田軍は、辛うじて軍を収めることができた。信長の完敗であった。

天正元年の戦い

次の長島攻めは天正元年（一五七三）九月。年来の仇敵だった朝倉・浅井氏を滅ぼしていくばくもない時である。浅井父子の首級を確認し、江北の地を羽柴秀吉に与えると、九月六日に信長は岐阜城に戻った。北伊勢出陣は九月二十四日。居城でゆっくりと過ごす暇などなかった。信長が出陣を急いだのは、北伊勢の門徒である国人・土豪が長島に応じて信長に背いたからである。このままでは、長島だけでなく北伊勢全体が敵になってしまう。

信長は、はじめは反抗の大本の長島をも攻撃するつもりだった。だから、二男で北畠家の養子になっている具豊《ともとよ》（信雄）に命じて、大湊《おおみなと》の船を桑名に集めようとしている（『伊勢市大湊支所保管文書』）。だが、大湊の自治を主導する会合衆《えごうしゅう》は、なかなか信長の要求を容れなかった。しびれを切らした信長は、北畠氏を通じて再三催促させながらも、二十四日に岐阜を出陣したのである。

岐阜を発った信長は、まず長島の西方の敵城に目標を置いた。大垣《おおがき》を経由して、美濃南端の太田に着陣する。近江からも、柴田勝家・佐久間信盛・羽柴秀吉・丹羽長秀・蜂屋頼隆らが桑名近辺に出張してきた。二十六日、彼らは手分けして敵城に襲いかかった。長島に呼応していた西別所《にしべっしょ》城・坂井《さかい》城（ともに現桑名市）が次々と落ちた。

十月八日、信長は本陣を東別所に移す。桑名郡から三重郡にかけての敵城がことごとく降《くだ》った。ただ一人降参してこなかった中島将監《しょうげん》の白山《はくさん》城（現一志郡白山町）には、佐久間・羽柴らの軍を派遣してたちまちに開城させた。

次には大本の長島を攻める番である。しかし、ここに至っても、大湊の船は十分には調達できなかった。信長は長島攻めはあきらめて、長島の西にある矢田《やだ》城に滝川一益を入れ置き、十月二十五日に帰陣の途についた。

帰陣の道は、二年前、柴田勝家が苦戦したところと同じである。山と川とに挟まれた一筋の道。再び訪れたチャンスとばかりに、長島から一揆勢が出撃した。そして信長軍に先回りし、弓・鉄砲で攻撃をかけてきた。伊賀・甲賀の鉄砲の名手も一揆に加わっていた。

信長軍も鉄砲で応戦したが、昼から猛烈な風雨となり、鉄砲は役に立たず、槍・刀の白兵戦となった。殿軍を務めたのは林新二郎の隊。筆頭家老林秀貞の息子（養子ともいう）である。殿軍の林の隊は、一揆の攻撃を集中して受ける形になり、新二郎は大勢の家臣とともにここで討ち死にした。

林隊の犠牲のもとに、信長はその夜、大垣城までたどり着くことができた。彼はまたまた長島の一揆に煮え湯を飲まされたのである。長島の一向一揆に対する憎しみは、信長の心の中に深く大きく焼き付けられたのであった。

天正二年の殲滅戦

天正二年（一五七四）七月十三日、信長は長島へ向け、岐阜城を出陣した。その日は津島に着陣する。

信長は、この戦いで恨み重なる長島を葬り去る決意を固めていた。彼に従う部将は、柴田勝家・佐久間信盛・丹羽長秀・蜂屋頼隆・美濃三人衆、その他。滝川一益・林秀貞、それに北畠具豊（信雄）の水軍も南方より長島に迫った。嫡男の信忠は、織田一族と尾張・美濃の兵を指揮して参陣した。畿内に置かれている明智光秀と越前への押さえを務めている羽柴秀吉、東美濃で武田氏の動きに備えている河尻秀隆・池田恒興以外の兵全部が総動員された形である。総勢七万の大軍だったという。

十四日、信長は全軍を三手に分けて、早くも攻撃を開始した。柴田・佐久間らの隊を、北西の香取《かとり》口（現桑名郡多度町）より中洲に攻め入らせ、信忠の隊を北東の市江にとどめて予備隊とし、自らは馬廻に丹羽の隊を加えて北方より攻め込んだ。翌十五日には、滝川一益・九鬼嘉隆の水軍が長島の南方に到着。それに北畠具豊の軍も大船を率いて参陣した。これらの船団は、四方より中洲を取り囲み、一揆勢を追い込んでいった。

一揆といっても、つまりは長島の住民である。老若男女、その数は三万ほどだったという。彼らは追い込まれて、五ヵ所の城塞に立て籠った。五ヵ所とは、中洲にある長島・篠橋《しのはし》、揖斐《いび》川を隔てた大鳥居・屋長島・中江である。これらの城塞に対して、信長軍は手分けして襲いかかった。

八月三日に大鳥居が、十二日に篠橋が落ちた。両砦を脱出した者たちは、厳重な包囲網から外へは逃れられない。残った三城へと逃げ込んだ。三城の収容人数は、まさに溢れんばかりになった。

その後、約一ヵ月半、『信長公記』にはなんら戦いの記述はない。表面的には何も起こらなかった。つまり、敵城内の人口過剰な有様を見て、信長は兵糧攻めに踏み切ったのである。思った通り三城の兵糧は尽き、餓死者が続出した。九月二十九日、本城である長島が籠城している者の助命を条件に開城を求めてきた。

二ヵ月半の籠城に疲れ、食料不足でやせ衰えた農民たちは、それでも命を助けるとの約束を信じて城を出、それぞれ小舟に乗って退散しようとした。まさにその時、信長軍より鉄砲が彼らに向かって乱射されたのである。続いて信長軍の兵が襲いかかり、残った者たちを次々と斬り倒した。

だが、農民たちは、おとなしく討ち殺されてばかりではいなかった。衣服を脱ぎ捨て決死の覚悟を表わした七、八百人が、ただ一つ抜き刀だけを持って、信長軍に向かって突進したのである。揖斐川の川岸で、すさまじい「殺し合い」が繰り広げられた。この時の「殺し合い」で、信長の叔父信次、庶兄信広、弟秀成、従兄弟信成（織田信光の子）、妹婿佐治信方《さじのぶかた》などの一族のほか、荒川新八郎ら大勢の馬廻たちが死んだ。

信長の門徒への憎しみは頂点に達した。残された中江・屋長島城の周囲に逃亡防止の柵を築き、放火を命じたのである。四方より放たれた火はたちまちに二つの城を包み、地獄絵の中で二万人もの農民が焼き殺されたという。

こうして恨み重なる長島を攻めて勝利を得た信長だったが、彼は果たして快哉を叫ぶ心境だっただろうか。

最後の九月二十九日、信長は身内・腹心を数多く死なせた。しかも、だまし討ちに失敗したあげくである。一向宗門徒の鬼気迫るばかりの執念を目《ま》のあたりにして、信長は信仰の力の恐ろしさを改めて感じたにちがいない。夜叉《やしゃ》と化して一気に二万人を焼き殺した陰には、敵を跡形なく抹殺しようという宗教戦争の残酷ささえ感じさせる。

二、越前一向一揆殲滅戦

朝倉氏滅亡後の越前

天正元年（一五七三）八月、信長によって越前の戦国大名朝倉氏は滅ぼされた。その後の越前を治めるにあたって、信長はどのような体制をつくったのだろうか。

越前にとどまっている間に、信長は朝倉旧臣や寺社の知行安堵《ちぎょうあんど》に併せ、越前の支配体制を決めた。信長に降った朝倉景鏡《かげあきら》・同景健《かげたけ》・同景盛・同景泰・溝江長逸《ながゆき》・魚住景固《かげかた》、いずれも本領を安堵され、かつ新知行の宛行《あてがい》があった。そして、越前全域は、「守護」として前波《まえば》吉継《よしつぐ》が治めることになったのである。

前波が越前全域の支配者とされたことについては、二つの疑問があるだろう。一つは、なぜ譜代の家臣を任命しなかったのか、という点。もう一つは、なぜ朝倉旧臣の中で前波を起用したのか、という点である。

信長は、越前全域の支配者を決めるにあたって、かなり迷ったにちがいない。例えば柴田勝家とか、譜代の部将に任せることも考えたであろう。そのほうが、朝倉一族にしろ朝倉旧臣にしろ納得できるはずである。

しかし、この人事のネックになるのは、一向一揆の存在である。越前の地には、本願寺八世蓮如《れんにょ》の開いた吉崎《よしざき》道場（現福井県坂井郡金津町）があり、加賀と並んで北陸で最も真宗門徒の力の強いところである。これまで一向一揆と協調を重ねながら過ごしてきた朝倉氏の家臣のほうが、一揆を刺激しないで済むのではないか、一時《いっとき》は朝倉旧臣に任せてみよう。信長の考えは、このようなところではなかっただろうか。

では、朝倉旧臣の中で、なぜ前波になったのか。前波は朝倉家中の重臣だったにはちがいないが、ナンバー1だった朝倉景鏡、ナンバー2だった同景健といった一族衆に比べると、はるかに下位に甘んじていた存在だった。しかし、土壇場になって朝倉氏を裏切り、主君を切腹せしめた景鏡、やはり朝倉氏滅亡直前に降参した景健を立てることは、信長のほうに抵抗があったのだろう。前波は前年に信長に降っており、今度の戦いでは越前衆の切り崩しに功績があった。朝倉旧臣の中では、信長への貢献という点では一番である。こうした思考を経て、信長は前波に越前全域を任せるという結論に至ったのではないだろうか。

だが信長は、これが万全の体制であるなどとは、露ほども思っていなかっただろう。朝倉旧臣たちの統制、一向一揆の制御、心配事はたくさんある。それゆえ信長は、新たに江北に置いた羽柴秀吉と若狭の支配を任せた丹羽長秀の二人に、越前を監視する役割を与えたのである。

一揆持ちの国、越前

信長が半ば予測していた通り、越前の新しい支配体制はじきに破綻をきたした。朝倉旧臣同士の争い、特に守護前波吉継と府中の富田《とだ》長繁との対立があらわになっていった。そして天正二年（一五七四）一月、ついに富田は一向一揆を誘って味方となし、一乗谷の守護館を襲って前波を殺したのである。富田は前波に代わって越前守護の地位に就くことを望んだが、信長がそれを許すはずがない。それどころか富田は、朝倉旧臣たちの中でも孤立してしまった。

こうした越前の混乱を見て、本願寺顕如は遠く大坂の地から越前の坊主・門徒に対して指令を送った。隣国の加賀と同じく一揆持ちの国にしようとしたのである。顕如の命令により、加賀から主戦派の頭目七里頼周《しちりらいしゅう》が越前に派遣された。七里の指揮のもとに集まった門徒たちは富田を攻撃、これを戦死させた。朝倉景鏡も、平泉寺《へいせんじ》（現福井県勝山市）を味方にして一揆と戦ったが、最後は平泉寺ともども滅亡してしまった。越前にも一揆持ちの国が実現したのである。越前守護には下間頼照《しもつまらいしょう》、以下下間頼俊《らいしゅん》・杉浦玄任《げんとう》・七里頼周といった本願寺坊官に各郡の支配権が与えられた。

このような越前の騒動は、当然ながら逐一信長のもとに報告されたはずである。しかし信長は動かなかった。信長にとっては、武田氏の美濃・遠江への動きがより気掛かりだったからである。

一月末、武田勝頼《かつより》は美濃岩村に出張して、明知《あけち》城を包囲した。さらに五月には、遠江の高天《たかてん》神《じん》城を囲んだ。信長はその都度自ら軍を率いて救援に向かうが、いずれも後《おく》れをとってしまった。さらに七月には、長島攻めのため総軍のほとんどを率いて伊勢に向かう。

越前の一向一揆が攻勢に出て、近江方面にまで進出することはありえない。こう判断した信長は、羽柴秀吉と武藤舜秀《きよひで》に敦賀郡の守備を固めさせるにとどめ、越前を後回しにしたのである。

さて一揆持ちの国になった越前では、じきに新たな対立が持ち上がった。本願寺派遣の支配者と在地の坊主衆の対立、それに加えて坊主衆と農民の門徒たちの対立である。

越前を一揆持ちの国にした功績は、主として農民の門徒たちが結束して侍衆たちと戦ったところにある。しかし、越前の支配は、本願寺から派遣されてきた者に握られてしまった。在地の坊主衆は、その体制に対して不満を持ちながらも、一方では農民たちに以前と変わらぬ負担を強いている。この年七月頃より、これらの対立はあちこちで血を見る争いに発展していった（『越州軍記』）。

こうした複雑な対立関係を見た信長は、いずれ決行せねばならない越前侵攻に備えて、早めに手を打っておくのである。

五月二十日、信長は秀吉に命じて、若狭・丹後の舟を敦賀郡先端の立石《たていし》浦に着ける準備をさせている（『敦賀市立石区有文書』）。次に七月二十日には、朝倉景健・堀江景忠ら朝倉旧臣や高《たか》田専修寺《だせんしゅうじ》など反真宗寺院に宛て、越前出陣の時に忠節を尽くすよう求めている（『法雲寺文書』）。

信長が最も気に懸けている武田氏、それに長島の一揆、それらへの対処が一段落すれば、いよいよ彼の矛先が越前に向けられるのは、この時点で予定されていたのである。

天正三年の殲滅戦

信長は天正二年七月から九月にかけての総力戦で、長島の一揆を根絶やしにする。さらに翌天正三年五月、三河の長篠《ながしの》城後巻《うしろま》きのため出陣した信長は、設楽原《したらがはら》において武田軍と遭遇戦の機会を持ち、これを完膚なきまでに打ち破った。長篠の戦いである。この戦いによって東方の脅威を消した信長は、前年からの懸案である越前一向一揆討伐に乗り出すのである。

信長の岐阜出陣は、八月十二日だった。十四日には敦賀まで軍を進めた。軍の総勢は十万五千余騎と『越州軍記』にある。これはかなり大袈裟な数字だが、この越前侵攻にはほとんどの部将が動員されている。『信長公記』には、先陣の部将たちの軍が三万余、信長の本陣が一万余とある。そのほか別働隊の金森・原の軍、それに海上から攻撃した軍などを合わせると、五万を超す兵が動員されたと見てよいだろう。

一方の一揆軍は、木ノ芽峠を挟んで木ノ芽城と鉢伏《はちぶせ》城（現福井県南条郡今庄町）に二千～三千の兵を入れ、その周囲の虎杖《いたどり》城（現同上）・杉津《すいづ》砦・河野丸《こうのまる》砦（ともに現敦賀市）・燧《ひうち》城・今庄城（ともに現今庄町）・大良《だいら》城・河野城（ともに現南条郡河野村）なども固めた。

十五日、織田軍の先陣が敦賀を発した。柴田勝家・佐久間信盛・滝川一益・羽柴秀吉・明智光秀・丹羽長秀・簗田《やなだ》広正・長岡（細川）藤孝・塙《ばん》直政・蜂屋頼隆・美濃三人衆、それに連枝《れんし》（一族衆）の北畠信雄・神戸信孝といった顔ぶれだった。

彼らの軍は敦賀湾沿いに進み、杉津砦と河野丸砦に攻めかかった。杉津砦には若林長門の兵のほか朝倉旧臣の堀江景忠たちが守っていたが、以前から信長に通じていた堀江の裏切りにより、たちまちに落とされてしまった。河野丸砦も瞬時にして陥落させた織田軍は大良城・河野城へと進んだ。海上には若狭と丹後の国衆《くにしゅう》の船数百艘が出動し、陸上の軍に呼応して海から大良城・河野城を攻撃した。杉津砦・河野丸砦から逃れてきた若林長門や円強寺《えんきょうじ》らがここで懸命に応戦したものの、先頭を進んでいた羽柴と明智の隊はこれを蹴散らし、その日のうちに大良・河野両城を攻略し、焼き払った。

羽柴・明智の隊はその勢いで府中（現武生市）を目指す。府中の龍門寺城は、三宅権丞《みやけごんのじょう》が守っていたが、殺到してくる織田軍には手も足も出せなかった。その日の夜のうちに落城、三宅は討ち取られ、城には火が放たれた。こうして府中の町は織田軍に占領された。

十六日、信長自身が敦賀を出発し、木ノ芽峠に向かった。木ノ芽峠の近辺にある各城砦の守備兵は、西方に位置する杉津砦があっけなく陥落するのを見て、すでに戦意を失っていた。城砦を捨てて退却する兵が多く、信長の本隊が攻めかかると、抵抗らしい抵抗もなく城が開け渡された。

しかし、城を捨てて退却した者も、敵に追われて逃れた者も、その行く先は府中である。府中はすでに織田軍に占領され、織田軍の部将羽柴秀吉・明智光秀が網を広げて待っていたのである。

「案のごとく五百三百ずつ逃げかかり候を、府中町にて千五百ほど首をきり、そのほか近辺にて都合二千余きり候」

「府中の町は、死骸ばかりにて一円あき所なく候。見せたく候」

信長はその時の有様を、京都で留守している家臣の村井貞勝にこのように告げている(『泉文書』)。まさに袋の中の鼠の虐殺だった。

虐殺はまだまだ続く。織田軍は四手に分かれて山々谷々に入り、一揆の者を見つけ出すや捕らえて首を斬った。十七日には二千余の首が本陣に到来、十八日も五、六百ずつ方々より持ち込まれたという(『高橋源一郎氏持参文書』)。

この残党狩りは、信長が府中にとどまっていた二十三日までずっと続けられた。『信長公記』の記述によれば、十五日から十九日までの五日間に捕らえられた者だけで一万二千二百五十人、生け捕りになった者、殺された者を合わせると三、四万にも及んだという。決して誇張された数字ではないようである。そしてその中には、戦乱から逃れるため山に籠っただけの、一揆とは無関係な農民たちも大勢含まれていたと思われる。

一揆の首魁《しゅかい》たちはどうなったか。越前守護としてトップの地位にいた下間頼照は、変装したみすぼらしい姿で港を目指したものの、途中で捕らえられて誅殺された。一揆に荷担した朝倉旧臣朝倉景健は、風尾《かざお》の砦（現福井市）を開けて降参したが、これも赦されなかった。姉川の戦いで朝倉軍の主将を務めた者にしては、惨めな最期だったといえよう。

そのほか、西光寺真敬《しんきょう》・専修寺賢会《けんえ》は戦死、下間頼俊は誅殺。しかし、七里頼周と若林長門は加賀に逃れ、その後も一向一揆を指揮して信長に反抗を続ける。

二十三日、信長は府中を発って一乗谷に陣を移す。ここで信長は、羽柴・明智・稲葉・簗田・長岡の五将を加賀に討ち入らせた。彼らは比較的一向一揆の勢力の弱い南二郡（能美《のみ》・江沼《えぬま》）を平定し、檜屋《ひのや》城・大聖寺《だいしょうじ》城（ともに現石川県加賀市）に簗田を残して越前に引き揚げる。

信長はまだ越前にとどまる。

「ゆるゆると逗留せしめ、ふしおき（寝ていた者が起きること?）のせざる様に申し付くべく候。しかる間、今だ五十日も三十日も逗留すべきてだてに候」

「（越前の）国の成敗そのほかの儀、たしかに申し付くべきため逗留候」（『高橋源一郎氏持参文書』）

二十二日付けで村井貞勝に書き送った通り、信長は一度は一揆持ちになった国越前を、安定した自分の分国として作り変えようとしていた。そのためにしばらく越前に滞在していたのである。二十八日、豊原《とよはら》（現坂井郡丸岡町）まで陣を進め、加賀の戦線を指揮する。九月十四日に北庄《きたのしょう》（現福井市）まで馬を納めるが、その間、新しい越前の中核としての北庄城の普請に指示を与え、さらに越前の支配体制をも整えた。新しい越前の支配体制は次の通りである。

越前八郡　柴田勝家
二郡（今南西《いまなんせい》・南条郡か）　佐々成政・前田利家・不破光治
大野郡　金森長近（三分の二）・原政茂（三分の一）
敦賀郡　武藤舜秀

越前はようやく織田家譜代の者が中心となって治める体制になった。それでもまだ不安な信長は越前の国掟《くにおきて》を作り、柴田以下の支配者に厳守するよう求める。

「国中に非分の課役《かやく》申し懸くるべからず」
「国に立て置き候諸侍を雅意（我意＝好き勝手）に扱うべからず。いかにもねんごろにして然《しか》るべく候。さ候とて帯紐《おびひも》を解き候様にはあるまじく候」（『信長公記』掲載文書）

柴田たちに支配権を委ねながらも、越前の地の統治の難しさに信長はまだ不安を感じていたのである。

二十三日、ようやく北庄を発って府中に戻り、帰陣の途につく。信長が岐阜に帰城したのは九月二十六日であった。

加賀一向一揆との戦い

越前一向一揆殲滅戦の後、越前が柴田勝家をはじめとする部将に分け与えられたことは前述した。これと同時に加賀南二郡は、信長の馬廻だった簗田広正に委ねられた。簗田はこの後、檜屋・大聖寺城を本拠として加賀全域を平定するという重責を担うことになるのである。与力として、尾張衆の佐々長穐《ながあき》、美濃出身の島信重・一正兄弟、越前出身の堀江景忠らが付属された。

簗田広正は、九坪《くのつぼ》（現愛知県西春日井郡西春町）を本拠地とする尾張の国人《こくじん》クラスの家の出身。その後、沓掛《くつかけ》（現豊明市）も領地とし、馬廻の中ではかなり大身ではあった。元亀元年（一五七〇）六月二十二日に小谷表から退陣する時、佐々成政・中条家忠とともに殿軍《しんがり》を務めている。その後の天正三年（一五七五）七月三日の叙目《じもく》では、織田家の「家老」の一人として賜姓《しせい》・任官を受け、「別喜右近《べつきうこん》」を称することになる。

とはいうものの、加賀平定の任務を負った時、簗田にはどれほどの兵が預けられていただろうか。自分の兵、与力の佐々・島・堀江らの兵、合わせてもせいぜい四、五千ほどしかいなかったのではないだろうか。

未征服のまま一国が与えられるという形は、信長のもとでしばしば見られるケースである。そうした場合は、まずその国の国衆たちを味方に引き込んで、兵力を増強することが大切である。

しかし簗田の場合は、他と事情が異なっていた。八十余年もの間一揆持ちの国だった加賀において、どれだけの国衆を味方にできたのか疑問である。

この後の加賀の状況について綴った良質の史料は乏しい。おおむねは『越登賀三州志《えっとがさんしゅうし》』など後世の編纂史料に頼るしかない。それらによると、信長が越前を離れるや否や加賀の一向一揆は攻勢に出たという。小松・御幸塚《みゆきづか》(ともに現石川県小松市)に砦を築き、失った南加賀の回復に乗り出した。簗田はこうした一向一揆の攻勢にあって、加賀平定を進めるどころか本拠地の檜屋・大聖寺城まで危うい有様だった。

翌天正四年の秋、信長はとうとう簗田に見切りをつけた。簗田は尾張に召還され、柴田勝家がその後の加賀平定を担当することになった。柴田は、甥の佐久間盛政をはじめ佐々成政・前田利家たちで構成する北陸方面軍を指揮して、加賀の平定という難事業に乗り出すことになる。

三、本願寺攻め

元亀元年の戦いに至るまで

元亀元年（一五七〇）九月十二日の夜半、本願寺の鐘が突然鳴り響き、それに応じて野田・福島の砦を攻撃している信長軍に本願寺の一揆が襲いかかった。これが以後十年間続く石山合戦のはじまりである。

本願寺はなぜ、この時点で信長に敵対したのだろうか。まずここに至るまでの本願寺と信長との関係について見てみよう。

顕如と信長との最初の接触は、現在知られる限りでは、永禄十年（一五六七）の十一月七日付けの信長宛て顕如書状である。ここで顕如は、信長が美濃および伊勢を平定したことを祝し、太刀・馬などを贈っている（『顕如上人御書札案留』）。当時、三好三人衆と松永久秀との争いを軸に混乱状態になっている畿内をだれが上洛して収拾するか、大坂にいる顕如にとっても重大な関心ごとである。この年急速に台頭してきた織田信長に、まだ二十五歳の若い顕如が期待をかけたのだろう。

果たして信長は、翌年足利義昭を奉じて上洛し、たちまちに畿内の大部分を平定する。この畿内平定戦の過程で信長は、本願寺に矢銭《やせん》（軍用のため臨時に賦課した税）として五千貫の提出を求めた。それに対して顕如は何の抵抗もなく、速やかに応じている（『細川両家記』）。本願寺にとって、畿内の混乱を収めてくれる武将の出現は大歓迎だったにちがいない。翌十二年一月五日付けで顕如は、あらためて信長の上洛を祝し、太刀等を贈っている（『顕如上人御書札案留』）。そして、こうした両者の親交は、永禄十三年（＝元亀元年）の正月まで見られるのである。

その両者がこの年のうちに衝突することになる。その原因は何だったのか。顕如が諸国の門徒に発した檄文の中から探ってみよう。

「近年信長権威に依り、ここもとへたいし、度々難題いまにその煩いやまず」（『大谷派本願寺文書』）

「去々年以来難題を懸け申すについて、随分扱いを成し、かの方に応じ候といえども、その詮なく、破却すべきの由たしかに告げ来たり候」（『明照寺《みょうしょうじ》文書』）

信長は、本願寺のある大坂の地が欲しかったのである。寺院を壊し、西国攻略の拠点を建設することを目論んでいた。そのため本願寺に立ち退きを要求したのである。

求められるまま矢銭を提出したり、これまで唯々諾々と信長の要求に応じてきた顕如も、さすがにこれには従えなかった。

元亀元年八月下旬、信長は南方に出張して野田・福島砦に三好三人衆らを攻撃する。野田・福島には、顕如と親交の深い阿波の三好康長もいた。もしここが落ちたなら、信長は必ず三好方に味方したとの言い掛かりをつけて、顕如に大坂撤去を強制するにちがいない。この時点で、顕如の意思は固まったのである。

この時の本願寺と信長軍との戦闘の様子については、第二節―二で述べたので繰り返さない。このような経緯により、以後十年間にわたる石山合戦の幕が切って落とされたのである。

高屋城攻め

この後、信長と将軍義昭との対立の中で、顕如ははっきりと将軍方に付き、反信長の姿勢を貫く。将軍義昭を中核とし、本願寺、朝倉・浅井、松永・三好ら畿内の勢力、最後は武田信玄までを含めた信長包囲網が形成されたことについてはすでに述べた。

結局信玄の急死によって、信長包囲網はもろくも崩れ、天正元年（一五七三）のうちに将軍義昭は追放、朝倉・浅井氏も滅亡してしまった。信長は畿内を回復するため、将軍与党に対しても容赦なかった。三好義継・松永久秀は信長軍の攻撃を受け、義継は討たれ、久秀は降伏して財産を没収された。その中にあって本願寺は、そのままの形で存続を許されるのである。

しかし、顕如は引き続き義昭と連絡を取り合い、反信長の姿勢を崩さなかった。本願寺内には、摂津を逐われていた池田勝正、讃岐の香西《こうざい》越後守、それに雑賀《さいか》の鈴木孫一も加わり、翌天正二年四月二日摂津中島方面に軍勢を繰り出した。そして中島城を攻め落とし、その近辺の城々をも攻撃した。わずか三日前の三月二十八日に、信長が奈良で東大寺の名香蘭奢待《らんじゃたい》を切り取っているから、あるいは将軍になったかのような彼の振る舞いに憤っての行動だったのかもしれない。

この本願寺に呼応して、河内高屋城（現大阪府羽曳野《はびきの》市）も反信長の動きを見せ出した。高屋城はもともと河内・紀伊守護畠山氏の居城である。ところが前年畠山昭高が河内守護代遊佐《ゆさ》信教《のぶのり》に殺され、以後遊佐が占領するところとなっていた。そして遊佐は阿波の三好康長を入城させ、本願寺と連絡しつつ再び立ち上がる機会を待っていたのである。

信長は京都で本願寺と高屋城の反抗を聞いた。だが彼自身は動かなかった。畿内にある軍を差し向けるのである。この時河内あるいは摂津に向かった部将については、はっきりしたことはわからない。筒井順慶の出陣だけは『多聞院日記』で確かめられる。各部将たちの前後の行動から推して、この戦いの時の織田軍は、柴田勝家・明智光秀・長岡藤孝・荒木村重といった面々だったと推測する（『柳生文書』『細川家文書』ほか）。

織田軍は四月十二日に下八尾（現八尾市）・住吉・天王寺に着陣して本願寺を攻撃する一方、高屋城にも軍勢を差し向けた。大坂方面では、玉造《たまつくり》（現中央区）で合戦があったというが、詳しい様子についてはわからない。高屋城攻めでは、城将遊佐信教を討ち取る成果をあげたという（『永禄以来年代記』『細川家記』）。どちらの方面も、決定的な戦いには至らず、四月二十八日頃、織田軍も河内・摂津より撤兵した。

本願寺包囲作戦と第二次高屋城攻め

天正三年（一五七五）になって信長は、本願寺包囲作戦に着手する。天正三年三月二十二日付けで長岡藤孝に宛てた朱印状を見てみよう。「来たる秋、大坂合戦申し付け候。しからば、丹州舟井・桑田両郡の諸侍、その方へ相付くる上は、人数等別して相催し、粉骨を抽《ぬ》かるべく候」（『細川家文書』）。

本願寺攻撃のため、丹波二郡の国衆を藤孝に配属したのである。大坂攻めがこの年秋に予定されていることもわかる。

さらに『多聞院日記』の天正三年三月二十五日条には「去る二十三日に塙九郎左衛門尉（直政）当国の守護に相定められおわんぬ云々」とある。

大和の「守護」とは、大和の国衆たちを統率する地位であり、その地位に塙直政が就任したのである。長岡への朱印状と一日のずれがあるけれど、この人事がやはり対本願寺作戦の一環であることはまちがいないであろう。

前年の秋、信長は摂津の一職《いっしき》支配権（国あるいは郡単位の一元的支配権）を荒木村重に与えている。また、すでに長岡には山城西岡の地の一職支配権が与えられていたし、塙は前年に南山城の守護に就任している。つまり天正三年三月の時点で、次のような対本願寺包囲体制が完成したわけである。

荒木村重（摂津）―長岡藤孝（東丹波・山城西岡）―塙直政（南山城・大和）。

秋に予定されていた大坂攻めだが、方々に強力な敵が控えている現状では、そう予定通りにできるはずがない。三月下旬、武田軍が三河に侵入してきた。越前の一向一揆が内部分裂をきたしてきた。武田との戦い、越前遠征というケースも考えられる。こうした中で本願寺に本格的な攻城戦を挑むのは難しいが、せめて与党の高屋城と本願寺の支城だけでも葬ってしまおう、と信長は決心したのである。

天正三年四月六日、信長は南方へ向かって出陣した。自ら率いた軍勢は一万余だったと『兼見卿記』にあるが、この作戦に動員された兵は、畿内・若狭・近江・美濃・尾張・伊勢・丹後・丹波・播磨・紀伊にわたっており、総勢十万ほどだったという。八日から信長の軍は高屋城に襲いかかった。城下町を攻め破り、出撃してきた敵と戦う。信長自身は、小高い駒《こま》ケ谷《たに》山より戦いの有様を眺めていたという。

高屋城は部将たちに攻めさせておいて、信長は十二日には住吉、十三日には天王寺へと陣を移す。今度は本願寺攻めである。大坂近辺の作毛を刈らせ、攻撃の気勢を示すが、簡単には攻略できないのは承知の上である。十六日、遠里小野《おりおの》（現住吉区）に陣を移し、本願寺の支城新堀《しんぼり》に攻めかかった。ここには、讃岐の香西越後守・十河《そごう》因幡守らが立て籠っていた。十七日より新堀城攻撃が始まった。城方もよく抵抗したが、十九日夜、火矢を放ち、草で堀を埋め、信長軍は一気呵成《かせい》に城に攻め入った。香西・十河一族、主立った将はすべて討たれ、新堀城は落ちた。

高屋城の三好康長も、もはやこれまでと悟ったのだろう。信長の吏僚の松井友閑《ゆうかん》を通じて降参してきた。康長と友閑とは、おそらく堺での茶会などで知り合った仲だったのではあるまいか。敵の中では大物なのに、信長は彼を赦免した。それだけでなく、その後、彼に河内半国を委ねるのである。

康長は、一時畿内に覇権を確立した三好長慶の叔父にあたる。宗家の義継が死んだ後は、三好家を代表する存在だった。信長はなぜ、康長を赦しただけでなく、そこまで優遇したのだろうか。それは、名門三好家の名および老練の康長という人物に利用価値を認めたからだろう。康長は本願寺とも親しいし、四国でも三好一族の長老として権威を持っていたのである。

信長は新堀城を落とし、三好康長を味方にしただけで満足した。塙直政に高屋城をはじめとする河内の城々の破却を命じると、二十一日に京都に帰陣した。

天正四年の本願寺攻め

天正三年には、長篠の戦い、越前一向一揆殲滅戦などがあった。それぞれ大勝利に終わり、天下人織田信長の地位を確立させる画期的な年となった。

秋に予定されていた本願寺攻めはどうなったか。信長は本願寺と戦うどころか、講和したのである。

この講和を仲介したのは、先に信長に降った三好康長だった。十月二十一日、本願寺の家老平井越後守・八木駿河守らが講和の使として京都にいる信長を訪ね、三軸の名画を進上して和平を誓った。だが、これが顕如の本心であるはずはないし、信長とても本願寺との戦いがこのまま終わるなどとは露ほども思っていない。一時休戦したにすぎないのである。だから本願寺はこの後も、雑賀の鉄砲衆や紀伊の門徒を入城させ、また、毛利氏に援助を求めるなど、信長との戦争の準備に余念がなかった。

見せかけの講和が破れるまでには、多くの時日を費やさなかった。翌天正四年四月十四日、大坂方面で小競り合いが起こったと聞くや、信長は本願寺攻撃の命令を出した。動員された部将は、先に紹介した本願寺包囲作戦のため置かれた者たち即ち荒木村重・長岡藤孝・塙直政の三将、それに明智光秀が加えられた。

四将は三手に分かれて本願寺を囲んだ。まず村重は尼崎《あまがさき》より海を経、野田に砦を築く。光秀・藤孝は北東の守口（現守口市）・森河内《もりがわち》（現東大阪市）に布陣。直政は本願寺から南方わずか三キロメートルの天王寺まで進出した。本願寺方は、楼岸《ろうのきし》から木津に至る海岸線に多くの砦を構えており、本願寺から大坂湾にかけての海上通路を確保していた。このままでは、雑賀、さらに毛利氏との連絡も容易である。この連絡路を断ち切らねば、本願寺攻略は難しい。信長は、楼岸と木津の間にある三津寺《みつでら》を占領する作戦に出た。三津寺攻略の命令を受けたのは、塙直政である。彼には南山城・大和の国衆が従っており、降ったばかりの三好康長も作戦に参加することになった。

佐久間信栄の援軍が大坂方面に下り、明智光秀の隊とともに天王寺城に入った。天王寺は、信栄・光秀に率いられた近江衆が主力として守備についた。

五月三日早朝、直政と康長は三津寺の砦を攻撃した。康長が和泉・根来《ねごろ》衆を率いて先鋒を務めた。直政は山城・大和衆を指揮してその後に続いた。

直政らの攻撃に対し、本願寺は楼岸より援兵を向けた。数千挺の鉄砲を持った一万もの兵である。攻撃軍も四ヵ国にわたる大軍であり、兵力の面では劣っていなかったはずだが、鉄砲による攻撃にまず三好隊が浮き足立った。直政はなんとか支えようとしたものの、勝ちに乗じた敵の総攻撃を受けて混乱の中で戦死、軍は一気に崩れてしまった。

塙直政の軍を破って意気上がる本願寺勢は、そのままの勢いで天王寺城まで押し寄せた。天王寺は城とはいいながら、四月に直政が修理を加えただけの貧弱な砦にすぎない。城を守備していた信栄・光秀、それに近江衆も、予想外の展開にうろたえた。堀も調っておらず、古畳や殺した牛馬までを盾として敵の攻撃を防ぐという有様だった（『当代記』）。

三津寺攻略の失敗と天王寺城の危機は、おそらく五月四日には京都にいる信長の耳に達したであろう。五日早朝、信長は諸将を集め、天王寺の後詰めに向かった。明衣《ゆかたびら》（麻の単《ひとえ》）を着たまま、伴する者はわずかに百騎ほどだったという。

信長は河内若江に逗留して後続の軍を待ったが、突然の出陣だったのでなかなか兵が集まらなかった。翌六日になってようやく三千の兵が揃った。ことは緊急を要する。信長は三千の兵のみ率いて、七日払暁に進撃を開始した。

信長は三千の兵を三段に分けた。先鋒は佐久間信盛・長岡藤孝・松永久秀、第二段は滝川一益・蜂屋頼隆・羽柴秀吉・丹羽長秀、そして自らは馬廻を率いて第三段を構成した。

信長軍は天王寺の南方を迂回して住吉口に出、そこから一万三千といわれる本願寺勢に立ち向かった。天王寺の守兵と一手になり、そのまま北進して敵を本願寺に追い込むという作戦である。

この作戦は見事に成功した。天王寺の兵と合流した信長軍は、積極的な攻撃を重ねて、数の上ではるかに勝る敵を撃破し、なおも本願寺城下まで追撃した。この戦いで討ち取った首級は二千七百余に上ったという。

最終的には勝利を収めたものの、この戦いに払った代償は大きかった。信長はこれまで、本願寺の戦力を侮っていたふしがあり、それが敗因の一つであったといえる。認識を改めた信長は、部将の中でも筆頭に位置する佐久間信盛を本願寺攻撃の第一線である天王寺に入れ置き、七ヵ国の軍団を彼に所属させて、最大限といえる攻囲体制をつくることになる。

第一次木津川口の海戦

天正四年五月の戦いで苦戦を強いられた信長は、本格的な本願寺包囲網を布いた。宿将佐久間信盛を本願寺攻めの主将として天王寺に置くだけでなく、本願寺の四方に十カ所の付城《つけじろ》を築き、さらに住吉の砦に真鍋・沼間《ぬまの》ら和泉の水軍を配置して海上の備えとした。二年前に長島で行った兵糧攻めの再現である。大坂の周辺には、もはや本願寺の味方はいない。だから陸上の包囲はこれで十分である。しかし、本願寺―楼岸―難波―木津と結ばれ、大坂湾に通じる線だけは、信長は包囲できなかったのである。

七月十三日、兵糧を積んだ毛利方の軍船が大坂湾に姿を現わした。瀬戸内海の能島《のしま》・来島《くるしま》以下の村上水軍である。八百艘もの大船で構成されている大水軍だった。敵水軍出現の報に、住吉に待機していた和泉の水軍は出動した。そして、木津川口を固めて村上水軍の行く手をはばんだ。木津川口を舞台に、両陣営の海戦が開始された。

数だけでなく、船の装備、操船技術、それに兵器においても村上水軍のほうが数段勝っていた。焙烙火矢《ほうろくひや》という火薬を使った兵器を雨あられと射込まれ、和泉の水軍はあちこちで火災を起こして沈んでいった。指揮官の真鍋七五三兵衛《しめのひょうえ》・沼間伝内・同伊賀守をはじめ、大勢の水軍の勇者がここで死んだ。

村上水軍はただの一艘の被害もなく戦いを終え、本願寺に兵糧を入れると、悠々と引き揚げていったのである。

雑賀攻め

その後も、しばしば雑賀・毛利の船が大坂湾にやって来て、本願寺に兵糧や軍需物資を運び入れた。遠く越後の上杉からも支援物資が運び込まれている。陸上で完璧な包囲網を布いても、海上へ抜ける通路を押さえられないのでは包囲戦は成り立たない。

いずれ毛利氏の水軍に勝る水軍をつくり上げ、大坂湾の制海権を握ることが根本的な課題である。だがこれは、一朝一夕でできるものではない。

本願寺攻めの見通しが立たないまま、天正五年が明けた。二月二日、朗報があった。紀伊雑賀（現和歌山市）の内の三緘《みからみ》（宮郷《みやごう》・中郷《なかつごう》・南郷《なんごう》の総称）の者と根来寺《ねごろでら》（現和歌山県那賀郡岩出町）の杉の坊が、信長に降ってきたのである。これを機に信長は雑賀攻めを決心した。

雑賀とは本来、紀伊海部《あま》郡にある雑賀荘を指すが、ふつう雑賀衆といった場合、そのほか名《な》草《くさ》郡に属する十《じっ》ケ郷《ごう》・宮郷・中郷・南郷も含まれる。この五荘郷の地域連合体が広義の「雑賀」である。その地の土豪たちは、農業・漁業を営むだけでなく、諸国との交易も行い、独自の発展を遂げていた。特に、交易によるものか自給によるものか、鉄砲を大量に保持しており、一種の傭兵として他地方での戦いに従軍する者もいた。この地域には真宗門徒が多いため本願寺に協力し、物資の支援ばかりでなく、入城して得意な鉄砲を駆使して本願寺の主力を形成していたのである。ただし、雑賀全体が本願寺方に付いていたわけではなく、鈴木孫一に率いられた雑賀荘の者と十ケ郷だけが一貫して本願寺に味方していたのだという。

三緘と根来寺の降参を聞いて、信長はすぐに行動を起こす。九日に安土を出陣して、その日のうちに上洛。十三日に京都を発ち、十六日には和泉の香庄《こうのしょう》（現大阪府岸和田市神於《こうの》町）に着陣した。率いる軍勢は、畿内のほか尾張・美濃・近江・伊勢・越前・若狭・丹後・丹波・播磨にわたる十万余という。

ところが、その後の信長の足取りは非常に慎重である。海岸にも雑賀の者が籠っているのを警戒したのだろうか。現に貝塚（現貝塚市）の海辺に上陸していた雑賀の船団があり、織田軍の到着を見て早々に引き揚げている。十八日に佐野《さの》（現泉佐野市）、二十二日にようやく「志立」（現泉南市）に至る。ここで信長は軍を二手に分けた。佐久間・羽柴・荒木・堀秀政らは、杉の坊・三緘の者を案内者として山手より、滝川・明智・丹羽・長岡・筒井らは海岸伝いに雑賀に迫る。信忠をはじめとする連枝衆も、こちらの道を選んだ。

山手の軍が先に雑賀表に到着した。雑賀荘手前の小雑賀川《こざいか》（和歌川）に雑賀方は防衛線を布いていた。若い堀秀政が強引に川を渡ろうとしたところ、対岸から一斉射撃を浴びて退却せざるをえなかった。その後、小雑賀川を手前にして両軍が対峙する形となった。一方の浜手の軍は、淡輪《たんのわ》口（現大阪府泉南郡岬町）から三手に分かれて進む。敵の防衛線を次々と突破、雑賀荘近辺の中野城を囲む。二十八日に中野城は落ちた。勢いづいた浜手軍は、三月一日、一気に雑賀首領鈴木孫一の居城雑賀城を囲んだ。山手の軍のうち、堀・不破らは根来寺方面に派遣された。

この雑賀攻めが終了したのは三月十五日である。鈴木孫一を筆頭とする雑賀の領袖七人に対して、この日付けで信長が朱印状《しゆいんじよう》を発給しているからである（『紀伊続風土記』）。七人からの誓書に対応したものであろう。

「今度雑賀表の事、成敗を加うべき候ところ、忠節を抽きんずべきの旨、折紙《おりがみ》（用紙を横長に二つ折りにして書く手紙）をもって申し候段、然る上は、異議なく赦免せられおわんぬ。向後《きようこう》別して粉骨専一に候」

『信長公記』の記載やこの朱印状を見る限り、雑賀は信長の包囲陣の前にいかんともしがたくついに降参した、という結末である。だが、雑賀衆の研究を長らく続けてこられた鈴木眞哉《まさや》氏によると、雑賀衆が屈伏したのは体裁だけであって、実際には信長の敗北だったという。

たしかに、『信長公記』にも不可解な次の文言がある。

「(信長が)大坂の儀御存分に馳走つかまつるべきの旨、御請け申すに付いて御赦免なさる」

信長が本願寺を大切に扱うという条件を呑んだので「御赦免」したというのである。

狭い雑賀荘を十万もの大軍に囲まれて、雑賀衆には勝てる要素など万に一つもない。だが、信長にしては、これほどの大軍を紀伊などに長期間置いておくわけにはゆかない。攻めあぐんだ末、講和という形に持っていったのだろう。この戦いは信長方の敗戦とはいえないものの、すっきりした勝利でもなかったようである。

佐久間信盛の本願寺攻囲

天正四年(一五七六)五月の激戦は、信長をして、本願寺は自分の前に大きく立ちふさがった強敵であることを実感させた。中途半端な包囲ではなく、方面軍ともいうべき大軍団を常駐させて、包囲を固める必要がある。そう判断した信長は、天王寺城に宿将筆頭格の佐久間信盛を入れて主将となし、そのほか本願寺の周囲に十カ所もの付城を築いて、本格的な本願寺包囲戦を始めた。

まず天王寺城に置かれたのは、佐久間信盛・信栄父子のほか、進藤賢盛・池田景雄《かげかつ》・山岡景隆父子・青地元珍《もとよし》（以上近江衆）、松永久秀父子・箸尾為綱（以上大和衆）、水野守隆（尾張）、高木清秀（三河）。そのほか和泉の水軍である真鍋・沼間が海上を警護する。さらに、池田教正・野間《のま》長前《ながさき》・多羅尾常陸介（以上河内衆）、松浦肥前守・寺田生家《なりいえ》（以上和泉衆）、保田知宗（紀伊衆）なども佐久間の指揮のもとに置かれた。なんと七カ国に及ぶ大軍団であった。

七月十三日の海戦で、織田方水軍が毛利水軍に完敗したことについては、すでに述べた。陸上で万全の体制をつくっても、水軍が弱ければ水城の攻略は難しいという好例である。

さて、佐久間率いる「大坂方面軍」は、この体制のまま四年間本願寺の包囲を続ける。ところが、籠城軍対包囲軍の戦いは、その間まったくなかったのである。兵糧攻めだから、包囲軍側から仕掛けないのはわかる。しかし、籠城軍側から撃って出るということも一度もなかった。天正六年四月、信忠が主将となって大軍を率いて大坂表に出陣したことがあった。二日間ほど本願寺近辺に陣を張り、作毛《さくもう》を刈り取って挑発したが、この時も本願寺からは一兵すら出さなかった。

本願寺は兵糧が潤沢だった。天正八年に和睦するまで、食べ物に困ることはなかったようである。そのような状態であれば、好き好んで大軍の前に身をさらす必要などない。結局佐久間父子は、本願寺攻めの主将でありながら、本願寺と戦う機会もなく四年間を送るのである。四年たって信長と本願寺が最終的に講和した後、佐久間父子は本願寺攻めの怠慢という罪状により追放されるのだが、それについては後に述べることにしよう。

第二次木津川口の海戦

いかに本願寺を陸上で完璧に包囲したとて、大坂湾の制海権を握らなければ、兵糧攻めは成功しない。織田方の水軍は、和泉の水軍が主力だが、毛利方の村上水軍に比べるとまちがいなく弱体である。それは、天正四年七月の木津川口の海戦で痛感させられている。

信長は滝川一益と志摩《しま》の水軍の将九鬼嘉隆に、大船の建造を命じた。特に専門家の九鬼には多数の船を造らせた。その大船が天正六年六月にでき上がったのである。九鬼は六艘、滝川は一艘である。

滝川の船は白木のままだが、九鬼のは完全な戦艦に仕立て上げられていた。

「人数五千ばかり乗る。横へ七間、竪《たて》へ十二、三間もこれあり。鉄の船なり」（『多聞院日記』）

多聞院英俊は、実際に大船を見たわけではなく、これは聞き書きにすぎない。五千人も乗るというのは大袈裟だし、書かれた寸法を信じると随分ずんぐりした形になってしまう。だが、鉄板で装備した船であることは、信じてもよいのではなかろうか。

なぜならば、先の敗戦の原因は、村上水軍の焙烙火矢で味方の船が焼かれたところにある。なんとかこの兵器にも耐える船、という発想が信長にも嘉隆にもあったはずである。その行き着くところが鉄板による装備だった。六月二十六日、大船七艘は多数の小船も伴い、堺を目指して熊野浦に乗り出した。嘉隆自身が乗って指揮を取っていた。

雑賀から淡輪沖あたりまで来たところ、一向一揆の船団が襲いかかってきた。嘉隆は落ち着いて敵船を間近く寄せ付けると、一斉に大砲を放った。これで敵船の多数があっというまに破壊され、残る敵はおじけづいて退散してしまった。七月十七日、大船七艘は無傷のまま堺の港に入った。

その戦況に満足した信長は、わざわざ堺まで出向いて、大船を見物する。九月三十日に堺に到着、幟《のぼり》・指物《さしもの》・幕で飾られた大船、これまた飾り立てられた脇役の多数の小船を見物する。まるでお祭り騒ぎだが、この大船は、それから一カ月後に実力もすばらしいものであることを証明する。

十月下旬、摂津の荒木村重の謀叛が露見した。この年二月に播磨の別所氏が離反しており、さらに摂津の荒木が背くという、信長にとっては容易ならぬ事態になったのである。荒木も別所も毛利氏および本願寺と結んでおり、信長の本願寺攻めは大きく後退したかに見えた。

十一月六日、村上水軍が再び大坂湾に姿を現わした。六百艘の大船団だった。それに応じて、九鬼水軍の大船六艘が堺から出動した。

辰の刻（午前八時）より木津川口で両水軍は激突した。はじめは九鬼水軍は押され気味だった。しかし嘉隆は、敵船が近付くのを待って、大砲を発射させた。しかも、指揮官の船に攻撃を集中させ、機動力を麻痺させることに成功した。そして、村上水軍の船が後退するところを、一気に進んで追い散らした。時は正午、九鬼水軍の完勝だった。

ここに大坂湾の制海権は確保され、信長の本願寺攻めは大きく前進したのであった。

本願寺との講和と佐久間父子の追放

天正七年（一五七九）十一月に荒木の有岡《ありおか》城が、翌八年一月に別所の三木城が開城した。大坂湾の制海権を奪われた毛利氏の赴援《ふえん》も期待できない。本願寺が追い詰められた時、一つの噂が流れた。信長が三月初めに本願寺に総攻撃をかける、というのである。本願寺は諸国の末寺に、それに備えて動員令をかけている。

しかし実際には、信長には本願寺を力攻めにする考えはなかった。天正七年十二月から、天皇を動かして本願寺と和睦するという動きが進んでいる。信長の奏上を受けて、女房奉書《にようぼうほうしよ》（天皇の意思を側近の女官が奉じた手紙）が本願寺に下され、翌年三月には信長から本願寺へ和睦の条件が提示された。その条件をまとめると、次の通りである（『本願寺文書』）。

一、教団の維持を認め、末寺の地位も保障する。

二、その代わり、大坂の地を七月二十日までに信長に引き渡す。

三、信長に従順でいるならば、南加賀の二郡（江沼・能美郡）は本願寺に返還する。

勅使として近衛前久《さきひさ》・勧修寺《かじゅうじ》晴豊《はれとよ》・庭田重保が派遣され、閏三月五日、和睦が成立した。だが、この和睦をめぐって、顕如と長男教如とが真っ向から対立していた。教如は、信長が果たして約束を守って教団の存続を許してくれるか大いに疑問だったのである。本願寺の戦力として活躍してきた雑賀衆も教如と同じく和睦反対派だった。教如は父の意向を無視して諸国の門徒に檄文を飛ばして籠城の決意を語り、それへの支援を命じている。

顕如は息子と雑賀衆を説得することができないまま、四月九日、約定《やくじょう》に従って大坂の本願寺を去り、紀伊鷺森《さぎのもり》（現和歌山市）に移った。信長は大坂への通路の封鎖を解き、地方で本願寺の末寺や一向一揆と戦っている部将に停戦するよう命じた。

教如は開け渡しの期限である七月になっても、まだ籠城を続けた。はじめは静観していた信長も、期限が近付いても籠城を続けている教如一派を見て、一戦を交えることも考えた。

七月十四日、信長は上洛した。次いで、兵を奈良に派遣した。大和の筒井順慶に動員を命じ、そのほか伊勢にも軍勢を大和に終結させるよう命令を下した（『和田信夫氏所蔵文書』『多聞院日記』)。このように臨戦体制を整えながら教如との交渉が進められた。

本願寺開け渡しの日にちは八月十日まで延期され、あらためて信長と教如との間に和睦の条件が取り交わされた。教如との和睦の条件も、先に顕如との間で取り交わしたものと相違はない。加賀を本願寺に返還するという事項も含まれていた(『本願寺文書』)。

八月二日、ようやく教如は石山の地を退去した。籠城していた雑賀衆らも、陸上・海上を蜘《く》蛛《も》の子を散らすように逃れ去った。

ところがその直後、本願寺は炎に包まれた。退去の後に火災が起きるよう仕掛けておいたらしい、とは多聞院英俊の観測である。彼の言う通り、強硬派のせめてもの腹いせだったのかもしれない。だが、この行為は、「大坂退城以後、如在《じょさい》なきにおいては」加賀二郡を返付するという約束を反故《ほご》にする口実となったであろう。加賀は結局本願寺に戻されなかったのである。

信長は十五日に大坂に下り、無残に焼け落ちた本願寺跡を検分する。そして、その地で佐久間信盛と息子の信栄に宛てて、十九カ条から成る折檻状《せっかんじょう》を自らしたため、追放してしまうのである。その罪状の第一は、本願寺攻めの怠慢ということであった。

「大坂大敵と存じ、武篇にも構えず、調儀・調略の道にも立ち入らず、ただ居城の取出を丈夫にかまえ、幾年も送り候えば、彼の相手長袖(僧侶)の事に候間、行く行くは信長威光をもって退くべく候条、さて遠慮を加え候か」

先に述べた通り、佐久間率いる大坂方面軍は、本願寺を包囲するだけでまったく戦わなかった。だが、兵糧攻めということは、信長自身も承知していた。無理攻めしていたずらに兵を失うことは得策ではない、という考えは信長も同じだったはずである。顕如相手の和睦交渉の時は、佐久間も罪を問われることなどなく、使者として用いられている。

信長は本願寺がそのままの形で自分の手に渡ることを願っていたのだろう。だからこそ、反抗した教如に対しても、最大限の譲歩をしたのである。その譲歩も空しく、本願寺は無残な焼け跡となってしまった。その有様を見た時、彼はこの合戦の結末に憤慨した。そして、合戦で実績のあがらなかった佐久間に対して怒りがこみあげてきたのではないだろうか。

第四節　四方の敵との戦い

一、武田氏との戦い

明知城・高天神城赴援の失敗

信玄が死んでも、武田軍の侵略活動は衰えなかった。跡を継いだ勝頼は、積極的に東美濃・遠江方面に進出する。

天正二年（一五七四）一月下旬、勝頼は東美濃に入った。東美濃では岩村城（現岐阜県恵那郡岩村町）が武田方になっており、宿将の秋山信友が守っている。ここを足場にして、さらに西方へ進出しようという作戦である。武田軍はまず、岩村の南西に位置する明知城（現同郡明智町）を囲んだ。

明知城の危機は、すぐに岐阜の信長に注進された。信長は尾張・美濃の諸将に出陣を命じる。

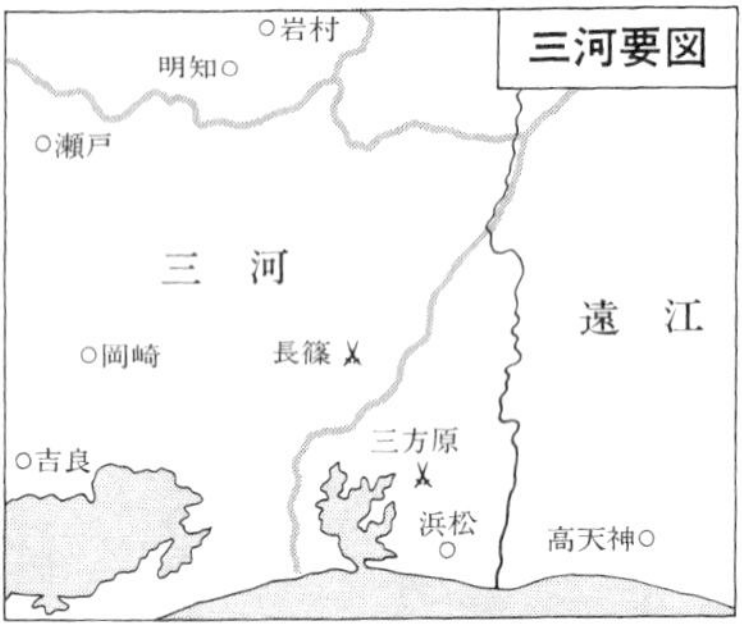

そして自身も二月五日に岐阜を出陣、翌日、明知の北西約二〇キロメートルの神篦《こうの》（現瑞浪《みずなみ》市）に着陣した。

しかし、神篦から明知までの道は険しく、軍勢の動きがままならない。進みあぐねている間に、明知城守将の一人遠山友信が勝頼に通じて城中に武田軍を入れ、城は武田軍に奪われてしまった。

明知城救援は、こうして空しい結果となって終わった。信長は、明知・岩村の押さえのため、神篦城に馬廻の河尻秀隆を、小里《おり》城（現瑞浪市）に同じく池田恒興を入れ置いて、岐阜に引き揚げるのである。

この年五月、勝頼の軍勢は、今度は南遠江の高天神《たかてんじん》城（現静岡県小《お》笠《がさ》郡大東町）を囲んだ。二万余の大軍だった。

高天神城は、武田氏が駿河方面から進出するのを防ぐ位置にあり、遠江随一といわれた要害の城である。三年前の元亀二年三月、信玄が大軍をもって攻め寄せたが、城将の小笠原長忠が堅固に守り切ってこれを撃退している。

勝頼の大軍に囲まれた長忠は、浜松に急報を送り、家康の救援を要請した。家康の軍とて一万にも満たない。すぐに京都にいる信長にそれを知らせて救援を依頼した。

五月十五日に京都で急報を受けた信長は、すぐに岐阜に戻った。だが、この時の信長の動きは、彼らしくない遅さである。岐阜を出陣したのは、六月十四日なのである。

なぜ出陣までこれほどの日にちがかかってしまったのか。彼は、武田軍との決戦を覚悟して最大限の兵を集めようとしたのではないだろうか。だが、越前・長島など不穏なところが方々にある。思うようにならない兵の徴発が、彼の行動を遅らせたのではなかろうか。

六月十四日に出陣した信長は、十七日に酒井忠次の居城吉田に入る。しかし、この日、小笠原長忠は、勝頼の提示した条件を呑んで、高天神城を明け渡してしまったのである。信長は十九日に今切《いまぎれ》の渡し（浜名湖を隔てた東海道舞坂宿と新居宿を結ぶ船渡し）を越そうとしてその報に接し、空しく軍を返すことになる。

こうして、天正二年のうちにあった、明知城救援も高天神城救援も失敗に終わってしまった。天正二年は、武田勝頼に翻弄された年といってよいだろう。

長篠の戦い

武田信玄は死んだが、引き続いての勝頼による侵略に、徳川家康は居城の浜松近辺まで脅かされる状態だった。元亀三年（一五七二）の信玄の南下の際、武田に降《くだ》った三河・遠江の土豪たちは、ほとんど武田方のままである。そうした中で、家康が回復できた唯一といってよい城が奥三河の長篠城《ながしの》（現愛知県南設楽郡鳳来町）だった。家康はここに、作手城《つくで》（現同郡作手村）城主だった奥平貞能《さだよし》の子、弱冠二十一歳の貞昌（後、信昌）を入れ置いた。

天正三年（一五七五）四月、またも三河に進撃してきた勝頼は、二十一日に長篠城を囲んだ。一万五千の大軍だった。それに対する長篠城の守兵はわずか五百。勝頼は余裕をもって城を包囲しながら、さらに南方の二連木城《にれんぎ》（現豊橋市）・牛久保城《うしくぼ》（現豊川市）をも攻撃する。一気に三河全域を掌中に収めようとするかのような勢いだった。

五月一日、勝頼は軍を返し、長篠城を一気に攻略しようとした。ここの城を押さえて、三河進攻の拠点にしようという考えだったのだろう。

武田軍の攻撃は執拗に繰り返された。しかし、貞昌の指揮する城兵はこれを必死に防ぎ止めたのである。奥平父子は、つい二年前まで武田氏に従っていた。それが信玄が死んだ後、作手城を捨てて家康に降ったのである。この時、武田氏に人質として渡していた貞昌の弟仙丸や許婚《いいなずけ》の女性が磔にされて殺されたという。降参しても赦されないという意識に加え、憎い武田には絶対に降るまいという意地が、若い貞昌にあったのではなかろうか。

たとえ意地で固まっていたとしても、一万を超す大軍に囲まれて、いつまでも籠城を続けられるものではない。現在の主君家康にしても、とても武田軍に対抗できる兵力はない。信長の救援がなければ、長篠城は持ちこたえることができないのである。

貞昌は、城が囲まれてまもなく、家臣の鳥居強右衛門《すねえもん》を伝令として城から脱出させていた。強右衛門は首尾よく敵の包囲陣をかいくぐって岡崎にたどり着き、進軍の途中の信長に目通りして籠城の有様を直接報告することができた。しかし、籠城している仲間に少しでも早く信長の救援を知らせようと帰城を急いだ強右衛門は、武田軍に捕らえられてしまう。

「信長公は岡崎まで御出馬あるぞ。……城堅固に持ち給え」

信長の出馬はない、早く城を明け渡したほうがよい、という台詞《せりふ》を敵に強要されながらも、強右衛門は磔台《はりつけだい》の上からこのように叫んだという。そしてその場で槍に刺し貫かれて絶命した。その鳥居強右衛門の美談は広く知られ、長篠の戦いの華となっているが、ここではその話に多くの紙面を費やすつもりはない。もっと重要な信長と家康の行動について語ろうと思う。

信長が長篠城救援のため岐阜を出陣したのは、五月十三日。第二次高屋城攻めで三好康長を降参させ、岐阜城に戻って半月後である。相変わらず東奔西走の毎日であった。

十四日、岡崎に到着。ここで迎えに出てきた家康軍と合流。翌日も逗留しているのは、作戦について打ち合わせたためであろう。この時に鳥居強右衛門の来訪を受けたわけである。十六日牛久保、十七日野田原と経て、十八日には、長篠城西方約四キロメートルの設楽《したら》郷の極楽寺《ごくらくじ》山《やま》に着陣した。

そして、約三万の大軍を南北に細長く配置、鶴翼の陣形をとった。徳川軍約六千は、その南方高松山に陣を張った。陣の前には塁壁が築かれ、その前には馬防柵が立てられた。

このような陣形と設備は、武田軍に攻撃を仕掛けようとするものではない。相手の攻撃を防ごうという態勢である。そのままの形で、織田・徳川連合軍は二日間、敵の様子をうかがったまま動かなかった。

武田軍のほうが動いた。長篠城の北、医王寺《いおうじ》に着陣していた勝頼は、二十日に東に移動、有海原《あるみはら》を横切って連合軍に向かい合う陣形をとった。両軍を隔てる距離は五〇〇メートルもなかっただろう。設楽原《したらがはら》（現新城市）を挟んで両軍は、まさに一触即発の状態となったのである。

敵軍と向かい合いながら、信長は一つの作戦を立てた。武田軍の背後にある長篠城への付城、鳶ケ巣山《とびすやま》砦の攻撃である。この役割を家康の最有力部将酒井忠次に命じ、鉄砲五百挺を装備した自分の馬廻を添えて、戌《いぬ》の刻（午後八時）に出発させた。酒井隊は夜陰に紛れて設楽原の南を迂回し、鳶ケ巣山砦を目指した。

五月二十一日、日の出とともに武田軍が設楽原へと繰り出してきた。一番山県昌景《やまがた》、二番武田信廉《のぶかど》、三番小幡一党。設楽原の東の丘の上から次々と武田の部隊が坂を下って、連合軍に向かってまっしぐらに進んだ。四番武田信豊、五番馬場信房。武田軍の波状攻撃が絶え間なく繰り返された。

武田軍の攻撃をまともに受けながらも、連合軍は将も兵卒もほとんど動かなかった。動かないまま、敵が間近に迫ったのを見計らって、横一列に並んだ兵卒の持った鉄砲が火を吹いたのである。鉄砲の数は約一千挺。絶え間なく撃たれる鉄砲の轟音は、設楽原の周囲の山々に木霊《こだま》して、指揮官の怒号をも消すほどのすさまじさだったであろう。

武田軍の将も兵も、敵に肉薄する前に銃弾に当たって設楽原の野に転がった。幸運な何人かは、何とか馬防柵あたりまでたどり着いただろう。しかしそれは、もう軍と呼べるまとまりにはなっていなかった。わけもなく連合軍の兵に討ち倒された。

この戦いは、卯《う》の刻（午前六時）に始まり、未《ひつじ》の刻（午後二時）に終わったという。八時間も戦いが続いたのなら、必ずしも、ここまで書いたようなワンパターンの展開ではなかったのかもしれない。だが基本的には、武田軍が何度も突撃を繰り返して鉄砲の餌食になってしまった、ということはいえるだろう。

なぜ勝頼は無謀な突撃を止めなかったのだろうか。それは、背後に位置している鳶ヶ巣山砦が占領されてしまったことに原因がある。

鳶ヶ巣山砦陥落の報は、戦いの最中の勝頼にもたらされた。腹背に敵を控える形になった武田軍には、このまま突撃を続行して敵を撃ち破るしか選択肢がなくなっていたのである。

無謀に等しい突撃の中で、山県昌景・内藤昌豊・土屋昌次・真田《さなだ》信綱等々、他国にもその名を知られた勇将が死んだ。敵軍の隙をついて勝頼が戦場を脱出した時には、わずか数人の騎馬武者しか従っていなかったという。

長篠の戦いの織田・徳川連合軍の勝因を、鉄砲戦術によるものとする見解はまちがいではない。だがそれに関する、三千挺の三段撃ちなどという通説は信じるべきではない。鉄砲の数は不確かだし、方法に関しても大いに疑問があるから。

また、武田軍が騎馬隊を編成して突進したと考えるのも、極端な見方である。武田軍は、ふつうに見られる戦いと同様、第一陣、第二陣と、騎馬と徒士《かち》が混在した部隊ごとに突進していったのである。

したがって、この戦いを中世的騎馬軍団対近世的鉄砲隊との戦いなどとする位置付けは、あまりにも短絡にすぎるであろう。

岩村城攻め

長篠の戦いで大勝利した信長は、その勢いを駆って美濃から武田氏の勢力を一掃しようとした。美濃における武田氏の勢力圏は、岩村城を拠点にした恵那郡南部一帯である。武田の有力部将秋山信友が岩村城を守備し、さらに美濃中部を侵食する機会をねらっていた。長篠の戦いの後、信長は嫡男信忠にその岩村城の包囲を命じる。

岩村城は、もともと東美濃を広く支配してきた遠山一族の居城だった。遠山氏は信長の東美濃侵攻に応じて従属し、岩村城主遠山景任《かげとう》は、信長の叔母を娶っていた。ところが、武田信玄の美濃侵攻の中で景任は死に、未亡人となった信長の叔母は、敵の部将秋山信友に城を明け渡してしまったのである。信友と信長の叔母とは、この後夫婦の契りを結んだと伝わっている。それはともかく、以後岩村城は、武田氏の西方進出のための足掛かりの一つになっていた。

信忠の岩村城攻めは長引いた。信長自身は、その後、越前一向一揆殲滅戦などで応援する余裕もなかった。その間ずっと、信忠は岩村城を囲み続けていた。

天正三年十一月十日、城兵が織田方の陣水晶山《すいしょうざん》に夜討ちを仕掛けてきた。河尻秀隆・毛利長秀ら信忠軍団の部将が敢闘してこれを追い返す。城からさらに加勢の兵が出てくるのを、信忠自身が先頭に立って撃ち破った。

これが城方の最後のあがきだった。おそらく兵糧も尽きて、いちかばちかの夜討ちを仕掛けたのだろう。

岩村で戦いのあったこの時、信長は京都にいた。権大納言兼右近衛大将任官、拝賀の式、公家衆への宛行《あてがい》と忙しい毎日を送っていたのである。

その信長に、武田勝頼が岩村城の後巻《うしろま》きのため出陣したという報が届けられた。勝頼自身が出陣してくるならば、信忠だけの軍では心もとない。信長は十四日に京都を発って岐阜に戻った。

だが、信長の岩村出陣はなかった。万策尽きた秋山は、二十一日城方全員の生命の保障を条件に開城することを申し出てきたのである。信忠はその条件を呑んだものの、城を出てきた秋山以下の将を捕縛し、岐阜の父のもとに送った。信長は、秋山たちを長良河原で磔《はりつけ》にして殺してしまう。伝えられるところによると、秋山に岩村城を明け渡した叔母は、信長自らの手で斬り殺したという。

二、上杉氏との戦い

上杉謙信の越中・能登進出

信長と上杉謙信とは、長い間親密な関係を続けていた。その接触は、永禄七年（一五六四）より文書のやりとりを通じて見られる。

やがて信長は、先んじて京都に入り、天下に号令を下す立場になる。それでも両者の交友関係は続いた。お互い武田氏を牽制し合うため、結び付く必要があったからである。

次に信長は将軍義昭と対立し、これを追放する。義昭は謙信に対して、信長追討の依頼を頻繁に出す。それでも謙信はまだ動かなかった。

しかし、天正三年（一五七五）八月、越前一向一揆を殲滅した信長が、加賀の平定に着手するようになった頃から、両者の関係に亀裂が生じた。同年六月十三日付けで謙信に宛てた信長書状が、両者の接触の終見になる（『上杉家編年文書』）。

領土的野心がなかったといわれている謙信だが、それは信玄や身内の本庄繁長《ほんじょうしげなが》などに常に脅かされていてその余裕がなかったからである。領国越後が安定し、かつ信玄というライバルのいなくなった晩年には、さかんに西へ向かって侵略活動をしている。

信長の統一事業が北陸にまで伸び、一方謙信の勢力が西方へと広がっていくならば、両者の衝突は必然的なものであった。

七尾城救援

信長の加賀平定は、なかなか進まなかった。天正三年に南二郡を占領し、檜屋《ひのや》城・大聖寺《だいしょうじ》城に簗田広正を置いて加賀平定の第一線としたものの、一向一揆の勢力はじきに南二郡を回復し、逆に攻勢に出てきた。翌天正四年、切羽詰まった簗田は尾張に召還され、越前に置かれた柴田勝家にあらためて加賀平定の命令が下る。勝家は、佐々・前田・不破など越前に置かれた大名たちを率いて加賀の平定に乗り出すことになる。

しかし、柴田の率いる大軍をもってしても、加賀平定は苦闘の連続だった。守護富樫《とがし》氏を滅

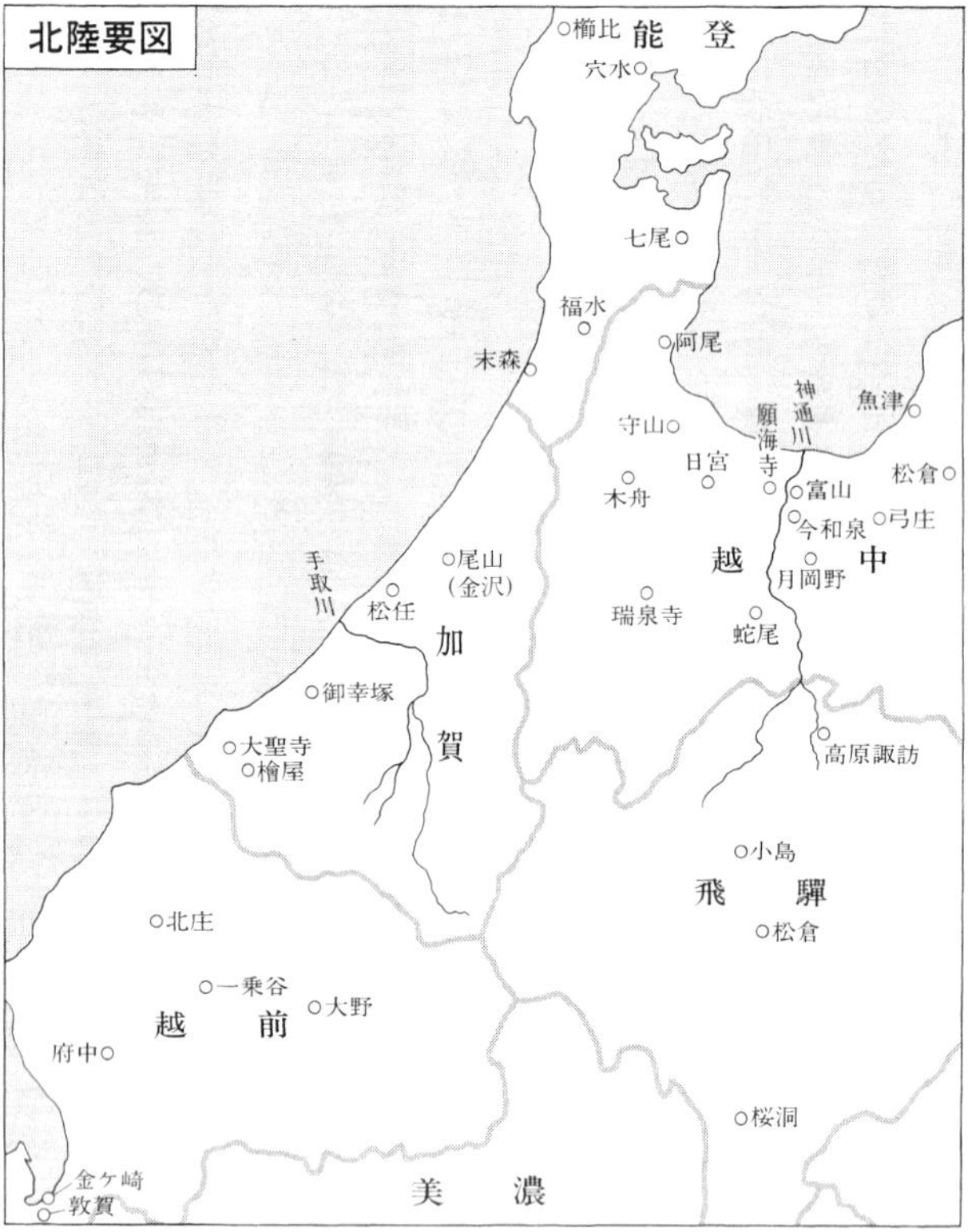

北陸要図
櫛比
能登
穴水
七尾
福水
阿尾
末森
神通川
魚津
守山
願海寺
日宮
松倉
木舟
富山
今和泉
弓庄
手取川
尾山
(金沢)
越中
松任
月岡野
瑞泉寺
蛇尾
加賀
御幸塚
大聖寺
檜屋
高原諏訪
小島
飛驒
北庄
松倉
一乗谷
大野
越前
府中
桜洞
金ケ崎
敦賀
美濃

ぼして一揆持ちの国としてから九十年、さすがに加賀では一向一揆の力が農民層にまで根強く浸透しており、勝家の軍が頑張っても一進一退の状態が続くのである。

天正四年から謙信は、越中・能登への進出を企てた。まず越中の国衆《くにしゅう》の多くを次々と降し、次に能登の中核である七尾城《ななお》（現石川県七尾市）を取ろうとした。

能登七尾城は、畠山氏の居城である。しかし、かつては守護権力によって能登・越中を支配していた畠山氏も、この時期には有名無実の存在になっていた。重臣同士の対立の中で、畠山家当主だった義綱が父義続《よしつぐ》とともに追放されたのが永禄九年（一五六六）。幼少の義慶《よしのり》が擁立されたものの、もはや畠山氏には実権がなかった。それのみか、天正二年に義慶が死んだ後には、だれが畠山家を継いだかさえはっきりしない。

このような実質的には城主不在の七尾城で実権を握っていたのは、老臣の遊佐《ゆさ》氏・長《ちょう》氏・温井《ぬくい》氏・三宅氏・平《へい》氏などであった。なかでも遊佐氏・長氏が大きな力を持っていた。

義綱追放の時には提携した遊佐氏と長氏だったが、謙信が進出してきた時には、この両者の思惑はまったく異なっていた。遊佐続光は謙信に頼って自分の地位を守ろうとしていたのに対し、長綱連《つなつら》は信長の進出に期待をかけていたのである。

天正五年閏七月、謙信は七尾城攻めのため越中に出陣した。長綱連は信長の来援を請うため、弟の孝恩寺宗顒《そうせん》（後の長連龍《つらたつ》）を使者として密かに安土に派遣するのである。

安土に到着した宗顒は、謙信の能登進攻と七尾城の危機を信長に訴えた。七尾城が落ちて能登が占領されたら、現在平定戦を展開している加賀も危ない。信長はついに謙信と一戦を交える決意をする。

畿内・近国がまだ不安定ななか、自身が北陸まで出馬するわけにはゆかない。かといって柴田の北陸方面軍一万余の軍では心もとない。信長は、滝川一益・羽柴秀吉・丹羽長秀といった有力部将、それに美濃・若狭の兵をも加えた大軍を応援軍として越前に派遣するのである。北陸方面軍と合わせて三万余の軍という。この増強された北陸方面軍は、八月八日に越前北庄を出陣する。しかし、この錚々《そうそう》たる顔ぶれの織田軍は、加賀に入って一揆の籠る砦の攻略に取り掛かったものの、じきに足並みが乱れてしまう。部将の一人羽柴秀吉が総大将の勝家と意見が合わず、さっさと引き揚げてしまうのである。

さて、謙信はその間、どのように動いていただろうか。織田軍が越前を出陣した翌日の八月九日、謙信は加賀御幸塚《みゆきづか》城(現石川県小松市)を守っている七里頼周《らいしゅう》に書状を発し、必ず来援することを約束している。謙信は加賀の一向一揆と結んでおり、加賀から織田の勢力を追い払うつもりだったのである。そして九月、謙信の軍は七尾城を取り囲んだ。

秀吉の欠けた織田軍は、それでも松任《まっとう》近くまで軍を進めた。しかし、能登・加賀の門徒たちが上杉方になっているため、情報も伝わらず、まったくの手探り状態だった。

九月十五日、謙信の軍に囲まれた七尾城で異変が起こった。遊佐続光が温井景隆らを誘い、親織田派の長氏一族を殺害したのである。長家の当主綱連、その父続連《つぐつら》、綱連の弟たち、幼い子供たちも無残に殺された。そして七尾城は、その日のうちに謙信に明け渡されてしまった。

手取川の戦い

七尾城を占領した謙信は、南方の能登末森城《すえもり》（現羽咋《はくい》郡押水町《おしみず》）をも落とし、いよいよ織田軍との決戦のため加賀を南下した。一方、勝家率いる織田軍は、手探り状態で進軍することの不利を悟り、退却を始めた。

九月二十三日、手取川《てどり》の手前で、上杉軍は織田軍を捕らえた。川を渡って退陣しようとする織田軍に上杉軍が襲いかかる。これが織田と上杉とがただ一回矛を交えた手取川の戦いである。

この手取川の戦いを記載した良質な史料は、『歴代古案《れきだいこあん》』に収録された謙信の書状ただ一つである。『信長公記』にも、まったく記載がない。そのほかは、俗書である『北越軍記《ほくえつぐんき》』に書かれているだけである。したがって、戦いの様子については謙信の書状に頼るしかない。それには次のように書かれている。

「（七尾城・末森城の落城を）信長一向に知らず、十八（日）、賀州湊川（手取川）まで取り越し、数万騎陣取り候ところに、両越・能の諸軍勢先勢として差し遣わし、謙信ことも直馬《じきば》（自ら馬を進めること）のところに、信長、謙信後詰を聞き届け候か、当月二十三日夜中敗北せしめ候ところに、乗り押し付け、千余人討ち捕り、残る者どもことごとく河へ追い籠み候いける。折節洪水漲《みなぎ》るゆえ、渡る瀬なく、人馬浅からず押し流し候」

追われた織田軍の兵は、川を渡って逃れたが、不運にも手取川は大雨続きで溢れんばかりだった。彼らの多くは馬もろとも流され、大勢の者が溺死したということである。

どうやら謙信は、信長自身が出陣していると思っていたらしい。信長と戦うことを念願としていた謙信の意気は、まさに天を衝くものがある。

「（信長は）案外に手弱の様体、この分に候わば、向後《きょうこ》天下（京都）までの仕合わせ、心やすく候」

この戦いで柴田勝家率いる織田軍が敗走したことは確かであろう。しかし、手取川を前にして謙信の書いたような戦いが実際にあったのだろうか、という疑問がある。それは前にも述べたように、この戦いを伝える史料が、謙信書状のほかにまったくといってよいほど存在しないからである。

『信長公記』は、天正三年にあたる巻八以降は、完璧に近いほど正確な記事を載せており、大きな事件を漏らすこともない。たとえ地方で起こった事件にしろ、きちんと記録するのが作者太田牛一の真骨頂といえる。その『信長公記』に載せられていないばかりでなく、北陸を舞台とした軍記物にもほとんど記載がないのだから、この手取川の戦いは、それほど目立った戦いではなかったと判断したほうがよいだろう。

上杉軍の追撃の前に、織田軍が敗走したことだけは確かであろう。そして上杉謙信の勝因は、その戦闘力よりも加賀の一向一揆を味方にしたというところにあるだろう。そのため織田軍は、最後まで上杉軍の動きが見えなかったのである。

信貴山城攻め

加賀進攻の途中、羽柴秀吉が総大将の柴田勝家と衝突して引き揚げてしまった、ということは先に述べた。筆者は、手探り状態での進軍に対する是か非かで意見が分かれたのではないかと思うが、『武功夜話《ぶこうやわ》』では次のように対立の原因を述べている。

一、勝家がわざと秀吉を後軍に回して、手柄を立てさせないようにしたこと。

二、畿内で松永久秀が不穏な動きを見せているのを秀吉が察して、退却を進言したのに勝家が聞き入れなかったこと。

これらの記事は信じないほうがよいが、この時に松永久秀が大和信貴山《しぎさん》城（現奈良県生駒郡平群町）に籠って信長に謀叛したのは事実である。上杉氏との戦いから離れてしまうが、ここで久秀の謀叛と信貴山城攻めについて触れておきたい。

信長と将軍義昭との対立の中で義昭に荷担した久秀は、義昭追放の後、多聞山城を開城して信長に降《くだ》った。久秀の命は助けられたものの、居城の多聞山城および保管していたおびただしい財産、そして大和一国の支配者という地位をも奪われる。

久秀の名が史料の上に復活するのは、本願寺攻めのため天王寺城に置かれた織田軍の交名《きょうみょう》の中である。この作戦の主将は佐久間信盛。つまり久秀は、佐久間の与力とされていたのである。彼にとって不本意な地位だろうが、信長に謀叛していながら生命だけでも助かったのだから、よしとしなければならない。

佐久間の与力として久秀は、子息久通とともに天王寺城に詰めていた。ところが、天正五年八月十七日のこと、久秀父子は天王寺城を抜け出し、当時居城だった大和信貴山城に立て籠った。再度の謀叛である。

久秀の謀叛は本願寺に通じてのものだが、タイミングからいって上杉謙信とも連絡をとっていたことはまちがいないだろう。北方から上杉、南方から本願寺と松永。これで信長を挟み撃ちにしようとする作戦である。

信長にしてみれば、今の久秀ごときが謀叛したとて大騒ぎするほどではない。それでも、謙信の動きが気になるこの時にあっては、やっかいなことである。松井友閑を派遣して久秀の言い分を聞き、宥《なだ》めようとした。だが、本当に勝算があったのか、それとも老いの一徹にすぎないのか、久秀は謀叛の意志を翻そうとはしなかったのである。

信長は慰留をあきらめ、久秀討伐を決めた。まず久秀の人質を京都六条河原で斬らせた。殺された人質は久秀の孫の男子二人。健気《けなげ》な態度で最期を迎え、見物人の涙を誘ったという。

久秀が期待していたはずの謙信は、手取川の戦いで織田軍を蹴散らしたものの、それ以上南には進軍してこなかった。雪国の謙信には、それなりに事情があったのである。

謙信が引き揚げたと見るや、信長は大和に軍勢を派遣した。総大将は嫡男信忠である。十月一日、明智光秀・長岡藤孝・筒井順慶らの軍は、久秀の与党の籠る片岡城を攻め、たちまちにこれを落とした。そして三日、信忠率いる軍が信貴山城を囲む。佐久間・羽柴・明智といった顔ぶれだから、そうとうな大軍だったはずである。

十日の夜、攻撃軍は四方から城に攻め入った。久秀は覚悟を決め、天守に火をかけて自殺した。信忠が天下の名物平蜘蛛《ひらぐも》の釜の提出を求めたのを断り、釜もろとも自爆したと伝わっている。息子の久通の最期については、父とともに死んだとも、大坂を目指して落ちる途中雑兵《ぞうひょう》に殺されたともいう。

松永父子が最期を遂げた十月十日というのは、ちょうど十年前、三好三人衆との戦いの中で彼らが東大寺大仏殿を焼いた日なのである。因果応報、春日明神のなす業であると、当時の人々は怖れを抱いたという。

月岡野の戦い

手取川の戦いで織田軍を追い払い、上洛への自信を披瀝した謙信だったが、そのわずか半年後の天正六年（一五七八）三月十三日に急死してしまう。しかも、跡取りを決めておかなかったため、二人の養子、景勝《かげかつ》と景虎《かげとら》が上杉家家督の地位をめぐって一年間近くも争いを続ける。「御館《おたて》の乱」である。

この事態は、信長にとって幸運以外の何物でもない。このチャンスに彼は、越中（富山県）への進出を企てるのである。

越中の守護は畠山氏だが、国中では守護代を務めた神保《じんぼ》氏と椎名氏が勢力を競っていた。その神保氏嫡流の神保長住《ながすみ》が信長のもとにいたのである。長住は、父長職《ながもと》と争って越中を追い出された男だが、父が死んだのを聞いて帰郷することを切望していた。

信長の命令を帯びて越中に戻った長住は、旧来の縁をたどって越中国衆の誘降《ゆうこう》に努めた。彼の努力の甲斐あって、阿尾《あお》城（現氷見市）城主菊池武勝と屋代一族、蛇尾《じようのお》城（現婦負《ねい》郡八尾《やつお》町）城主斎藤信利、守山《もりやま》城（現高岡市）城主神保氏張《うじはる》らが上杉氏から離れて信長方になった。しかし今和泉《いまいずみ》城（現富山市今泉）には、上杉の部将河田長親や上杉方の有力国衆椎名小四郎がいて、新川《にいかわ》郡を押さえている。これを撃ち破らなければ、越中から上杉の勢力を駆逐できない。だが、長住の活躍もこのあたりが限界であった。ここで信長に起用されたのが斎藤新五郎である。

新五郎は、斎藤道三の末子だといわれている。おそらく義龍とは腹違いの庶子なのだろう。だが、甥の龍興を見限って早々と信長に降っている。美濃加治田城を居城とし、武儀《むぎ》郡から加茂《かも》郡にかけて、かなり広い所領を持っている、東美濃の有力者である。当時は、美濃・尾張の支配者である信忠の軍団に属していた。

越中へ進出するには、ふつうは加賀経由が考えられる。しかし、加賀から進むのは難しい。信長は新五郎に飛騨《ひだ》経由のコースを命令した。

天正六年九月二十四日、新五郎は加治田を出陣した。そして、現在の越中西街道を進んで越中に入り、神通《じんづう》川沿いに北上した。越中南部にある津毛《つげ》城（現上新川郡大山町）には河田・椎名の兵が籠っていたが、織田軍の進攻を聞いて退散してしまった。神保と合流した新五郎は、そこに神保の兵を入れた。

河田・椎名の主力は今和泉城にいる。新五郎は太田《おおた》保内の本郷《ほんごう》を本陣とし、十月三日の夜、今和泉城の周囲を放火した。未明、放火を終えて退却する新五郎の軍を、城を出た河田・椎名の軍が追ってきた。新五郎はそのまま本郷を通過して、月岡野《つきおかの》（現富山市南端部）まで敵軍を引っ張ってきた。

月岡野は扇状地で、起伏の多い地形である。新五郎は進軍の途中で、そのことを知っていたのだろう。複雑な地形の月岡野まできたところで、新五郎は突然敵軍に戦いを挑んだ。兵力から見れば、おそらく河田・椎名軍のほうがずっと優勢だったにちがいない。だが、地形の凹凸を生かした作戦は功を奏した。河田・椎名の軍はやがて崩れ立ち、三百六十もの戦死者を出して退却した。

この戦いに呼応して出陣した蛇尾の斎藤信利兄弟は、今和泉城を攻め落とした。上杉の勢力は、こうして越中の中部から駆逐されたのであった。

三、丹波・丹後の平定

明智光秀の丹波派遣

丹波・丹後の守護は一色《いっしき》氏である。しかし、丹波では守護代の内藤氏が台頭して、一色氏は丹後だけで辛うじて命脈を保っているという状態だった。その内藤氏も、波多野《はたの》氏・赤井氏といった新興勢力に押されがち、というのが天正初め頃の丹波の実情であった。

信長は、天正三年(一五七五)六月七日に川勝継氏《かわかつつぐうじ》、十日に小畠《おばた》助大夫、十七日に小畠左馬助と、たて続けに丹波国衆に朱印状を発し、明智光秀を丹波平定のため派遣するので助力するよう命じている(『古文書』『小畠文書』)。

この朱印状の中で信長は、次のようにいっている。

「内藤・宇津の事、先年京都錯乱の刻、この方に対して逆心いまだ相やまず候哉。出仕なく候わば、誅罰を加うべきため、明智十兵衛をさし越され候」

つまり、光秀による討伐の対象は、守護代内藤氏と有力国衆宇津《うつ》氏なのである。

この丹波討伐の直接のきっかけは何か。この年三月に信長は、長岡藤孝に丹波のうち京都に近い桑田・船井二郡の武士を付属させている（『細川家文書』）。この時、内藤氏・宇津氏は藤孝の麾下に属すはずだったが、いうことをきかなかったのだろう。したがって藤孝への権限委譲は空手形に終わってしまったわけである。

内藤氏は、信長と将軍義昭との対立の中で将軍方として兵を率いて上洛した事実があるし、宇津氏のほうは、以前より皇室領の桑田郡山国《やまぐに》荘を押領《おうりょう》して、信長の何度にもわたる停止《ちょうじ》命令を無視してきた男である。彼らを討伐する大義名分には事欠かなかったのである。だが、丹波討伐を予定されながらも、光秀にはその余裕がなかった。この年八月の越前一向一揆討伐にも駆り出され、第一線で活躍している。

越前での殲滅戦が一段落した九月の初め、光秀は他の将に先んじて居城坂本に戻る（『兼見卿記』）。丹波出陣の準備のためだろう。そしていよいよ丹波攻めが始まるのである。

赤井氏・波多野氏との戦い

光秀の丹波攻めについては、この年の十月の赤井（荻野《おぎの》）直正との戦いまでわからない。敵がいつのまにか赤井氏になっている。つまり、当初ターゲットにされていた内藤・宇津はたわいなく降ったのだろう。丹波の東半国は難なく平定され、多紀《たき》郡を基盤に大きな力を持っている波多野氏も降って、残るは奥三郡（何鹿《いかるが》・天田《あまた》・氷上《ひかみ》）に勢力を広げている赤井氏とその与党だけが敵として絞りこまれていた。

赤井氏の中心人物は当主忠家の叔父の直正。荻野悪右衛門と称し、東国にまで知られた勇猛な武将であった。光秀が丹波に入った時、直正は但馬竹田《たけだ》城（現兵庫県朝来《あさご》郡和田山町）に山名韶熙《あきひろ》を攻めていたが、光秀の侵攻を聞いて居城の黒井（現同県氷上郡春日《かすが》町）に戻った。光秀はそれを追って、黒井城を囲んだ。

予想以上に順調に進んだ光秀の丹波平定戦だったが、翌年一月に情勢は一変する。それまで光秀に従っていた波多野秀治が背いたのである。そのため光秀は敗れて、退陣を余儀なくされてしまった。一月二十一日、光秀は坂本城に戻り、いったん兵を休める（『兼見卿記』）。これで丹波は長期戦の様相となった。信長もここを一気に平定するのをあきらめ、畿内や播磨との作戦と合わせて取り組むことにした。

光秀は、二月二十八日に再び丹波に入る。だが、兵を置いただけでじきに引き揚げたらしい。

その後の光秀は、大坂攻め、雑賀《さいか》攻め、信貴山城攻めと他方面の作戦に駆り出されており、二年近くの間丹波に軍を進めることはない。だから光秀の丹波攻めに関しては、この空白を境に第一次、第二次と分けるほうが適当であろう。

光秀の第二次丹波攻めは、信貴山城攻めの終了した天正五年十月から始まる。丹波に入国した光秀は、二十九日に籾井《もみい》城（現兵庫県篠山《ささやま》市）を攻撃している（『兼見卿記』）。

天正六年三月、光秀は長岡藤孝とともにまた丹波に攻め入り、波多野氏の八上《やかみ》城（現同上）を囲む。四月には、滝川一益・丹羽長秀の軍が応援して、波多野の与党荒木氏綱の守る細工所《さいくしよ》城（現同上）を落とした。だが、信長の西方へ向けての作戦は、播磨三木城と摂津有岡城のほうに重点が置かれ、丹波担当の光秀もその方面に駆り出されることが多い。丹波攻めが始まって三年余り、光秀の苦労にもかかわらず丹波平定はなかなか進まなかったのである。

八上城と黒井城の攻略

天正七年（一五七九）二月二十八日、居城の坂本を出陣した光秀は、丹波亀山《かめやま》城（現京都府亀岡市）に入った（『兼見卿記』）。亀山は、もともと守護代内藤氏の居城だったのだが、この頃は光秀が丹波攻めの本拠地として使っていた。

四月四日、光秀は丹後の和田弥十郎に書状を発しているが、その文面は次の通りである。

「八上の事、助命退城候ようと色を替え様を替え懇望せしめ候。はや籠城の輩四、五百人も餓死候。罷出《まかりい》で候者の顔は、青腫（青くむくんでいること）候て人界の躰にあらず候。とかく五日、十日の内に必ず討ち果たすべく候」

兵糧攻めが確実に成果をあげている様がうかがえる。だが、助命を嘆願しているとか、五日、十日以内に攻略できそうというのは、丹後の国衆を繫ぎ止めるための言い回しにすぎない。

五月五日、一族の波多野宗長が守っていた有力な支城である氷上城が落ちた。光秀はいよいよ八上城攻めに専念する。

八上城が落ちたのは六月一日のことであった。餓死者が大勢出る事態になっても降参しようとしない城主を見て、城兵が城主を捕らえて光秀に引き渡したのである。城主波多野秀治兄弟三人は、六日に洛中を引き回された後安土に護送され、そこで信長の命により磔《はりつけ》にされた。

光秀が八上城を攻めあぐんだ挙句、母を人質にして開城させる、信長が約束を破って波多野兄弟を殺したため光秀の母も城内で磔にされる、という話がかなり信じられている。しかし、八上攻城戦の展開を見てわかる通り、それはまったくの作り話である。

さて、もう一人の大敵赤井氏はどうなったか。丹波攻めの最初から光秀をさんざんてこずらせた赤井（荻野）直正だったが、光秀の第二次丹波攻めが開始されて間もなくの天正六年三月九日、黒井城中で病死してしまう。大黒柱の直正がいなくなった黒井城は、それでも一年以上持ちこたえたが、もう頽勢《たいせい》を挽回するほどの余力はなかった。八上城陥落から二ヵ月後の八月九日、城方はいちかばちかの攻撃を包囲軍に仕掛けた。光秀軍はそれを撃ち破り、そのまま城内まで攻め込んだ。城主赤井忠家は城を捨てて逃亡し、黒井城は光秀の占領するところとなった。

丹後の平定

明智光秀は、長岡藤孝に助力させながら、丹波と並行して隣国の丹後をも平定した。丹後で最も力のあったのは、守護の一色氏であった。元亀年間には一色義道が将軍義昭に従って行動している。義昭が追放された後も、義道は信長に従う。天正三年八月の越前一向一揆殲滅戦の時には、船団を率いて越前の津々浦々を攻撃している。その功績によるものか、同年九月には信長よりあらためて丹後一国の支配を任された。

これ以後の丹後一色氏についての確かな史料は乏しい。後世の編纂物である『一色軍記』や『細川家記』などによると、義道はその後信長に反抗し、長岡藤孝の攻撃を受けて自殺したという。

その跡を継いだのが、義道の子満信である。天正七年に光秀・藤孝の軍に攻められた満信は、藤孝の娘を娶るという約束で講和したと伝わる。いずれにしても、丹後の一色氏も再び信長の体制下に組み込まれてしまうのである。

天正七年十月二十四日、光秀は安土に赴き、信長に丹波・丹後両国の平定が完了したことを報告した。丹波に派遣されてから四年余り、光秀にとって苦労の連続であった。しかし信長は、彼の功績を最大限に評価してくれていた。翌年自らしたためた佐久間譴責状《けんせきじょう》の中で、信長は次のようにいっている。

「丹波国日向守（光秀）働き、天下の面目をほどこし候」

丹波は明智光秀に、丹後は長岡藤孝にそれぞれ一職支配が委ねられ、両国とも信長の分国として経営されるようになった。

四、毛利氏との戦い前哨戦

羽柴秀吉の播磨派遣

羽柴秀吉が信長より播磨平定の命令を受けて入国したのは、天正五年（一五七七）十月下旬のことであった。播磨に到着した秀吉は、小寺孝高《こでらよしたか》（後の黒田如水《じょすい》）の居城の姫路城に入った。孝高は当時、御着城《ごちゃく》（現兵庫県姫路市）の小寺政識《まさのり》の家老で、秀吉とはすでに馴染《なじ》みの関係にあった。

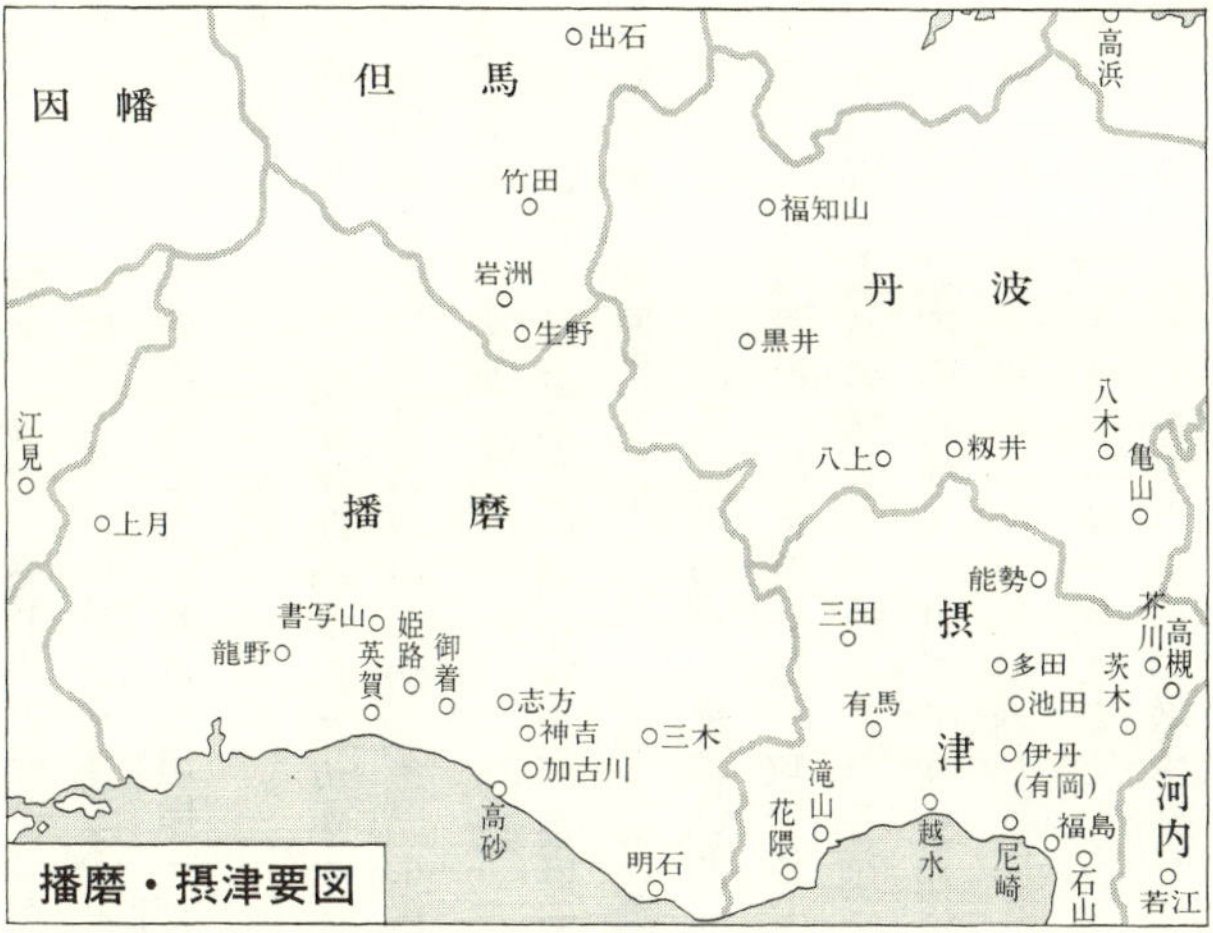

播磨・摂津要図

秀吉の入国以前から、播磨の国衆のほとんどは信長に通じていた。小寺政識だけでなく、守護家の支流で龍野《たつの》城主の赤松広秀、東播磨に広く勢力を張っていた三木城主の別所長治、いずれも二年前の天正三年十月に上洛して、信長に拝謁している。

　このような状態だったので、播磨平定という秀吉の使命は比較的楽に進んだ。それでも秀吉は、連日国中を駆け回って国衆たちに接触し、人質を徴収した。わずか半月後の十一月十日頃には、播磨の平定は大体終了した旨、信長に報告している。

　だが秀吉はこれで満足しない。隣国の但馬へも軍を進ませた。

　但馬の守護は山名韶熙《あきひろ》。出石《いずし》城（現兵庫県出石郡出石町）城主である。天正三年、一時不和だった毛利氏と和睦を結ぶ一方、上洛して信長に謁見している。翌年、信長と毛利氏が戦争状態になってからは、その狭間《はざま》にあってはっきりした態度をとっていなかった。だが、もうこの頃は、山名氏の力が但馬全域に行き渡っていたわけではない。山名の四天王といわれた垣屋《かきや》・太田垣《おおたがき》・八木《やぎ》・田結庄《たゆいしょう》が国内に割拠して、それぞれ独自に勢力を振るっていた。

秀吉はそのような状態の但馬に攻め入って、まず岩洲《いわす》城（現朝来《あさご》郡朝来町）を落とし、次に太田垣輝延の竹田城に攻めかかった。太田垣はかなわず退散、秀吉は弟の秀長（当時は長秀）を竹田城に入れ置いた。

さらに秀吉は西播磨に軍を移す。播磨の西のはずれにある上月《こうづき》城（現兵庫県佐用《さよう》郡上月町）と福原城（現同郡佐用町）は、備前の群雄宇喜多氏の属城である。宇喜多氏は毛利氏に従っていたので、いわば毛利方の最前線に位置していた。秀吉は自らの軍で上月城を攻める一方、竹中重治と小寺孝高の隊に福原城を攻撃させた。

七日後、上月の城兵は、城主の首を持って降参した。しかし、秀吉は赦さなかった。城兵だけでなく、城内の女性・子供まで捕らえ、播磨・備前・美作《みまさか》の境目まで連れて行ってことごとく磔にかけた。そしてそのまま晒《さら》し者にしたという（『下村文書』）。その後まもなく降った福原城でも、二百五十人も斬り捨てたというから、やはり皆殺しであろう。最初の戦いは厳しく処罰するのである。これは近辺の敵を威嚇するのが目的であり、信長自身もしばしばこうしたやり方をしている。

秀吉は、占領した上月城に客将の尼子《あまこ》勝久《かつひさ》と山中鹿介《しかのすけ》を入れ置いて、対毛利方の最前線とした。

別所長治の離反

羽柴秀吉の身を粉にした活躍により、たちまちに播磨の大部分の平定が完了したかにみえた。しかし、これがあっというまに覆される事態が生じる。天正六年（一五七八）二月、三木城主別所長治が信長から離反して、毛利氏に通じたのである。

別所氏は、『天正記』に「播磨東八郡の守護」とある通り、播磨随一の国人である。「東八郡」はやや大袈裟だが、別所氏は東播磨の国人たちを麾下に置き、居城三木を中心に多くの支城を抱えていた。当主の長治はまだ二十四歳の若者、実権は叔父の吉親が握っていた。『別所長治記』によると、この吉親が評定《ひょうじょう》の席で信長不信を語り、長治に謀叛を勧めたのがはじまりという。

播磨を平定して大敵毛利氏と矛を交えようとしていた秀吉にとって、別所氏の離反は大きな痛手だった。その後、西と東の両面作戦を強いられる形になってしまったのである。三月二十九日、秀吉は三木城を囲んだ。三木城は川と高地に囲まれた要害で、少なくとも四、五千もの兵が守っている。それに淡河《おうご》・神吉《かんき》・志方・高砂・野口など周囲の支城が攻撃軍を牽制する体制ができている。四月三日、秀吉はまず支城の一つ野口を落とした。ところが、最も憂慮していた事態が起こった。四月中旬、毛利の大軍が播磨に入り、上月城を囲んだのである。

秀吉は上月城救援のため、今度は西へ向かった。摂津の一職支配を任されている荒木村重も一緒だった。彼ら二将は、上月の東、川を隔てた高倉山に着陣して、毛利軍と対峙する形となった。しかし、東方にも敵を抱えている状態で毛利軍と決戦するわけにはゆかない。秀吉と村重は、そのまま約二ヵ月の間、何の動きにも出られなかったのである。

信長はこうした播磨の非常事態を見て、応援軍を派遣した。嫡男の信忠を総大将として、佐久間・滝川・丹羽・明智・長岡など、錚々たる顔ぶれを集めた大軍である。だが彼らは、西播磨までは進まなかった。別所の支城である神吉・志方・高砂を攻撃したのである。

上月城後巻《うしろまき》きのため、荒木村重とともに高倉山に陣取っていた秀吉は、当てがはずれた。京都まで出向いて、信長の指示を仰いだ。信長はいう。

「策もなく上月城後巻きをしていてもしかたない。軍を収めて、他の者と一緒に神吉・志方城を落とし、その後、三木城を攻撃せよ」

ここに上月城は見捨てられ、城を守っていた尼子勝久と山中鹿介は悲惨な最期を遂げることになる。

秀吉・村重の軍が加わりながらも、神吉城はなかなか落ちなかった。寄せ手は井楼《せいろう》を組み上げて大砲で攻撃、金掘りの者まで使って外壁から徐々に崩していった。塀や櫓《やぐら》が崩されたところで、城方は降参の意向を伝えてきた。だが信長は赦さなかった。検使を通じて、力攻めを命じるのである。七月二十日、中の丸まで攻め込まれて、城主神吉民部少輔《かんきみんぶのしょう》は討ち死に、ようやく神吉城は落ちた。

続いて織田軍は、もう一つの志方城に総攻撃をかける。観念した城主は降参してきた。神吉城とちがい、ここでは降参を受け入れ、城主をはじめ城兵の命は助けている。占領した神吉・志方両城は、羽柴秀吉に預けられた。

三木城攻め

信忠率いる大軍団は、三木への付城を所々に築いただけで、秀吉を残して帰陣してしまった。これほどの大軍がいつまでも播磨だけにとどまっておれないのはしかたがない。その後は、秀吉の軍が単独で三木城攻囲戦にたずさわることになる。

秀吉は兵糧攻めの作戦をとった。支城を次々と葬ったので、もう周囲には有力な別所氏与党は少ない。毛利軍が東播磨まで来ない限り、後巻きの敵軍と戦う心配はない。秀吉は、軍を三木城周囲に散らせ、自らは平井山《ひらいやま》に陣取ったのである。

包囲戦とはいっても、この時の秀吉の兵力は一万まではなかっただろう。それに対する城方は、『別所長治記』には七千五百余とある。これはやや多すぎる数字だとしても、四、五千ほどはいたにちがいない。いずれにしても、攻城軍と城方とあまり兵力差がない戦いだったようである。ただ別所氏にしてみれば、秀吉軍を追い散らしたとて、播磨内にこれといった与党がいない状態では、毛利軍の来援を待つしか手立てがないのである。

とはいえ、圧倒的な兵力でもない秀吉軍に囲まれて、このまま黙っている手はない。十月二十二日、突然城方は攻勢に出た。城主長治の弟治定と叔父の吉親が主将となって、二千五百の軍が城を出陣した。目指すは秀吉のいる平井山である。

だが秀吉は、敵の動きを観察していた。敵勢が城を出て、平井山の麓まで攻め寄せても、じっと見下ろすだけで動かなかった。敵は脇目もふらず、秀吉の本陣に向かって山を上ってくる。

敵が十町（約一キロメートル）ほどに近付いた時、はじめて秀吉は反撃を命じた。まず弟の秀長の隊が一気に山を駆け下りる。続いて秀吉率いる主力軍が攻めかかり、たちまちのうちに敵勢を蹴散らした。敵将別所治定は討ち死に、城方の兵はさんざんに撃ち破られて城に逃げ込んだ。敵の馬の息が切れるのを見計らった、秀吉の巧みな戦術による勝利だった。

三木城攻囲戦真っ最中の天正六年十月、安土にいる信長の耳に、不穏な噂が届いた。摂津一国の一職支配を委ねている荒木村重が信長に謀叛を企てている、というのである。

信長は、松井友閑・明智光秀・万見《まんみ》重元の三人を糾問使《きゅうもんし》として派遣、村重はこの使者に対し事実無根の旨弁明する。しかし、安土出頭の命令には従わなかった。

実は村重は、半年以上も前から毛利氏に通じていたのである。秀吉とともに上月城後巻きのため高倉山に着陣していた時、毛利軍を攻撃するチャンスなのに傍観していたという話が『陰徳記』に載っている。すでに毛利氏に通じていたとすれば、この話も信憑性をもって受け入れられる。

さて、村重が出頭しないと聞いた信長は、これを討伐することに決めた。諸将に出陣の命令が下され、自らは十一月三日に安土を発って京都に入った。

九日に京都を出発、村重の有岡城に向かう。信忠をはじめとする連枝衆、滝川・明智・丹羽・蜂屋、稲葉・氏家・安藤の美濃三人衆、それに佐々・前田ら越前衆も従軍した。合わせて三万余といわれる大軍だった。

村重の謀叛は、信長に大きな危機感を与えていた。播磨の別所、丹波の波多野、大坂の本願寺、それに荒木村重が加われば、摂津から丹波にかけて大きな障壁が信長の前に立ちふさがることになる。この際、どうしても早めにこの障碍を打開しなければならない。ここで信長は、いろいろな策謀をめぐらせるのである。

まず本願寺と一時休戦して、村重を孤立させるという策である。京都にいる間に信長は、朝廷に本願寺との和睦の仲介を働きかけていた。次に村重の両腕ともいうべき茨木城《いばらき》（現大阪府茨木市）の中川清秀、高槻城《たかつき》（現同府高槻市）の高山重友を味方になるよう説得させたのである。敬虔なキリシタンである高山には、宣教師を派遣して説得した。

この直後、信長に朗報が続いた。まず十一月六日、木津川口での海戦で九鬼水軍が毛利水軍を破ったという報せである。さらに、説得を続けていた高山と中川が相次いで信長に降ったことである。勝利の見通しがついた信長は、本願寺への勅使派遣寸前まで進んでいた勅命和睦の依頼を取り下げてしまった。

茨木・高槻が降ったといっても、村重の嫡男村次《むらつぐ》の守る尼崎城、従兄弟の元清の花隈城《はなくま》（現神戸市中央区）など荒木方の城が海岸の要所にある。そこからは、本願寺や毛利氏との連絡が容易である。信長軍は徐々に包囲網を縮め、主城の有岡を包囲した。尼崎などと分断させる包囲網である。

だが有岡城は、台地と平地との高度差を利用して築かれており、東側には猪名川《いな》があるという自然条件を利用した要害である。しかも城下町を取り込んだ惣構えを持ち、町の端々に砦を構えて、何段もの守備体制を整えている。攻めづらい城なのである。それでも信長は一気にここを攻略しようとした。

十二月八日申の刻（午後四時）、馬廻の堀秀政・万見重元・菅屋《すがや》長頼が奉行となって惣構えの中に鉄砲を撃ち入れた。続いて平井久右衛門・中野一安・芝山次大夫が弓衆を指揮して火矢を放ち、町を放火した。

戦いはそのまま夜まで続いた。酉の刻から亥の刻（午後六時から十時）にかけて、信長は馬廻たちに突撃を命じた。だが惣構えの塀を破ることができない。この戦いで、信長の最愛の側近だった万見重元が戦死してしまうのである。『甫庵信長記』の記述を借りると、自ら塀を乗り越えようとして長刀《なぎなた》に突き貫かれたという。

この日の力攻めの失敗を反省して、信長は以後持久戦に方針を変えた。高槻城・茨木城など既成の城郭のほか、有岡城の周囲には多くの砦が築かれ、それぞれに部将たちが配置された。摂津の東半分を占める大包囲網である。包囲体制を固めて、信長自身は十二月二十一日、摂津の陣を引き揚げた。

有岡・三木の落城

有岡城攻めも三木城攻めも年を越し、天正七年（一五七九）を迎えた。特に有岡では蟻の這い出る隙もない包囲網を展開しているので、信長は安土でのんびりした正月を送っている。二月十八日に上洛するものの、半月ほど京都に滞在し、鷹狩りなどで時を過ごしている。

信長が摂津に向けて京都を出陣したのは三月五日、嫡男信忠をはじめとする連枝衆も一緒だった。以後信長は、五月一日に帰洛するまで摂津の陣にいる。しかし、しばしば鷹狩りに出かけたり、箕面《みのお》の滝（現大阪府箕面市）を見物したり、何のためにやってきたのか、と思われる日々を送っている。

東方の武田氏といい、北陸の上杉氏といい、もう攻勢に出てくる力はない。西方の摂津・播磨、そしてさらに西の毛利氏に注意を払っていればよいのである。有岡の戦場にしても、包囲をガッチリと固めてさえいれば、いずれは城方は力尽きてしまう。前年十二月八日の攻撃が失敗に終わった後、信長は焦らずに包囲を続けるという方針を徹底させている。

だが、羽柴秀吉が単独で行っている播磨三木城攻めには、やや不安が残る。四月、信長は信忠を主将とした軍を摂津から播磨へと派遣した。信忠指揮する軍は、三木城の周囲や敵城淡河《おうご》に砦を築き、小寺政識の御着《ごちゃく》城を攻撃するなどして摂津に戻った。

両戦線とも九月になって変化があった。

まず有岡では、九月二日の夜、城主荒木村重がわずか五、六人の伴を連れて有岡城を忍び出、息子の村次が守っている尼崎城に移るという事件が起こった。

この後、荒木一族や家臣たちが虐殺される中で村重一人が生き残るだけに、この行動は城と家臣を捨てて逃れたものと解釈されやすいが、実はそうではない。尼崎には毛利の将桂元将《かつらもとまさ》が援軍として来ており、毛利氏と連絡が取りやすかったためなのである。毛利氏の応援がなければ絶対に勝てない戦いである。村重は、次第に追い詰められている事態を打開しようとして尼崎に移ったのである。

毛利氏の来援がなければ絶対に勝てないというのは、三木の別所も同じである。その頼みとする毛利の援軍が、九月十日にようやく三木表にやってきた。生石中務大輔《おいしなかつかさのたいふ》を主将とする毛利・本願寺の軍が、平田《ひらた》にある谷衛好《たにのもりよし》の砦を襲撃したのである。三木城に兵糧を入れるため、邪魔になっている砦をまず葬ろうという作戦である。谷は応戦したものの多勢に無勢、敗れて討ち死にしてしまった。毛利・本願寺軍はそのまま砦を占領しようとした。三木城からも、別所吉親を主将とする軍が応援に向かった。

平井山にいた秀吉は、全軍を指揮して砦の救援のため出動した。秀吉は軍を二つに分け、一方を平田砦の救援にまわし、もう一方を指揮して別所軍と対決した。

別所の兵は、食料不足で体力が衰え、士気も萎《な》えていたのだろう。たちまちに撃ち破られて城に逃げ込んだ。一方、平田砦を占領しかけていた毛利・本願寺軍も、秀吉軍の反撃を受けてあっけなく崩れ立ち、七、八百人も討たれて引き揚げていった。秀吉は大きな危機を乗り越えたのである。この戦いの後、秀吉は三木城の包囲をますます厳重にして、本格的な兵糧攻めに入る。

一方の有岡方面では、十月十五日に城攻めは大きく進んだ。滝川一益の働きかけにより、城内の足軽大将四人が謀叛を企て、滝川軍を惣構えの中に誘い入れたのである。

惣構えの中には町が形成され、端々には砦が築かれている。攻囲軍は町に火を放ち、砦を次々と落とし、有岡城を孤立させた。いよいよ戦いは終局に迫る様相となった。

荒木の老臣たちは開城をめぐって信長との交渉に入った。そして、村重自身が出頭し、尼崎・花隈《はなくま》両城を開け渡せば、城兵およびその妻子たちの命を助けるということで交渉は成立した。

十一月十九日、ついに有岡城は開城した。老臣の荒木久左衛門たちは妻子を人質として城に残し、尼崎に向かった。しかし村重は、老臣の説得にもかかわらず、尼崎・花隈両城を渡して降参するという条件を拒否したのである。久左衛門たちは空しく尼崎を後にしたが、有岡に戻らず、出奔してしまう。

この後の十二月、荒木一類の虐殺という悲惨な光景が繰り広げられる。村重のいる尼崎の近くに連行された家臣とその妻子百二十二人は磔にかけられ、軽輩とその家族五百十二人が家に閉じ込められたまま焼き殺されるという地獄絵が現出した。そして村重の妻をはじめとする親族十六人は、京都に送られて六条河原で斬首された。荒木村重の謀叛は、彼の降伏拒否により目を覆うほどの悲惨な結末を見たのである。

さて、三木城のほうはその後どうなったか。九月の戦い以後、城方から出撃することはなかった。秀吉のほうも、ただひたすら包囲するばかりであった。

年が明けて、天正八年の一月六日、久し振りに秀吉は軍を動かした。秀吉自身が兵を率いて、三木城で最も高地にある宮《みや》ノ上《うえ》砦を占領した。そして、そこから城内に向かって攻撃をかけるのである。

三木城兵は、「衰え果てたるありさまにて、鎧は重くて身体動き難し」「勇むは心ばかりにて、足手働かず、思うように戦えず、当敵に打ち合わする者一人もなく、ここかしこの塀・櫓の下にて切り伏せらるる」（『別所長治記』）といった有様だった。長い間、食事らしい食事をとっていなかったのだから、まさにその通りだったのだろう。

本丸一つに閉じ込められた長治は、十五日、秀吉に対して降伏の条件を申し出た。自分と弟の友之、叔父の吉親三人の切腹と引き換えに城兵の命を助けてほしいというのである。秀吉はその条件を承諾した。

こうして三木城主別所長治は城兵の助命と引き換えに切腹し、二年間近くを費やした三木攻城戦は幕を下ろした。長治の切腹の有様については、秀吉の右筆《ゆうひつ》大村由己《ゆうこ》が秀吉の事跡を記した『天正記』にも賛美を込めて詳しく綴られている。

「長治・友之兄弟、手に手を取り、広縁に畳一畳を敷かせ、左右に直り、おのおの呼び出し、気色を違えずにっこと笑い……」

「さりながら、吾ら両三人生害し、諸士相扶《たす》くるの条、最後の喜びこれに過ぎずとて、長治腹を切らる」

有岡城攻めは大量虐殺という悲惨な結末となったが、三木城攻めは城主の決断によって大勢の生命が救われたのであった。

この後秀吉は、別所氏の与党だった宇野民部の長水城《ちょうずい》（現宍粟《しそう》郡山崎町）、同じく小寺識隆《のりたか》の英賀《あが》城（現姫路市）を攻略して、長く続いた三木合戦に完全に終止符を打った。

第五節　近付く国内統一

一、伊賀の平定

天正期の伊賀の情勢

周囲を山に囲まれた伊賀の国（三重県西部）だが、四方八方の峠を越せば、伊勢・近江・山城・大和へと容易に抜けることができる。古くから大和・山城より伊勢、さらに東海へと通じる道が開かれ、伊賀は交通の要衝の位置にあった。この伊賀が、近国の中で信長の政権から離れたただ一つの国として残っていたのである。

伊賀の守護は、室町時代を通じて仁木《にっき》氏が務めることが多かった。だが応仁《おうにん》の乱（一四六七〜七七）後は、仁木氏の支配の跡はほとんど見られなくなる。そして国内には、目立った勢力はなく、おびただしい数の国人《こくじん》・土豪層が割拠するという有様になっていた。小国伊賀の中に、五百四十六もの城郭・館があったという。

伊賀の国人・土豪たちの上には、名目上の守護である仁木氏がいたものの、実際には、北部の者は南近江の六角氏に属し、南部の者は伊勢の北畠氏に従っていた。守護仁木長政は、永禄十二年（一五六九）七月、滝川一益を通じて信長に降《くだ》っているが、もう伊賀衆たちをリードする力は持っていなかった。

その後、守護長政は追い出されたらしい。『勢州軍記』によれば、守護追放後、仁木（守護の一族）・柘植《つげ》・河合・服部・福地ら六十六人の有力者がまとまり、時に応じて平楽寺《へいらくじ》（現三重県上野市）に集まって、伊賀の治政のことを話し合っていたということである。伊賀は、こうした特殊な様相を示しながら、信長の中央政権から独立した形を維持していたのである。

北畠信雄の伊賀攻めの失敗

信長の二男信雄《のぶかつ》は、永禄十二年の大河内《おかわち》城攻めの後、北畠氏の養嗣子《ようしし》として送り込まれた。彼は、父信長の北畠氏への圧力によって、天正元年（一五七三）に北畠氏の家督を譲られる。そして、その三年後、父の命令に従って養家の北畠一族を一網打尽に殺戮《さつりく》した。

こうして南伊勢の実権を握った信雄は、次には伊賀を領国化することをねらった。ちょうどその時、伊賀国衆《くにしゅう》の一人下山甲斐守という者が信雄に通じ、伊賀侵攻の案内を買って出たのである。

天正七年九月十七日、信雄は父信長にも相談せずに一万余の軍勢を催し、馬野口《まの》（鬼瘤峠《おにこぶ》）と名張口《なばり》とに分けて伊賀に攻め入った。名張口からの軍は、北畠氏麾下《きか》である大和の澤・秋山であり、馬野口から進んだ軍勢が信雄率いる主力だったのだろう。

ところが、伊賀はその大部分が山地。狭隘《きょうあい》な地形の中で信雄軍の進撃は行き詰まってしまった。しかたなく軍を撤収させようとしたところ、伊賀衆の軍がそれを追撃してきた。重臣の一人の柘植《つげ》三郎左衛門がこの追撃戦であえなく討ち死にしてしまった。信雄の伊賀攻めは、何も得るものなく惨めな敗戦で終わってしまったのである。

この敗戦を聞いた信長は怒った。九月二十二日付けで、信雄に譴責状を送りつける。「今度、伊賀堺（境）において、越度（落度）をとり候旨、まことに天道もおそろしく日月もいまだ地に落ちず候や」から始まり、「実にその覚悟においては、親子の旧離（縁を切ること）許容すべからず候」で終わるその書状は、たとえ自分の息子であっても、非は赦さない、という信長の厳しさが表現された手紙として有名である。

天正九年の伊賀平定

信長が本格的に伊賀の平定に乗り出すのは、信雄が失敗した二年後のことである。柘植（現

伊賀要図

阿山郡伊賀町）の福地が密かに信長に通じた。それを機会に信長は諸将に伊賀攻めを命じた。九月三日、織田軍の諸将は四方の峠から伊賀に攻め入った。甲賀《こうか》口（現滋賀県甲賀郡甲賀町）からは滝川・丹羽を主力として近江衆、信楽《しがらき》口（現同郡信楽町）からは堀秀政を主将としてや

は り近江衆が、加太口《かぶと》（現阿山郡伊賀町一ッ屋《ひとや》）からは信雄の老臣の滝川雄利《かつとし》と織田信包《のぶかね》、大和口からは大和国衆を従えた筒井順慶、そして総大将は、二年前に苦杯をなめた信雄だった。総軍四万二千と『伊乱記』にあるが、そのぐらいだろうと思う。

河合（現阿山郡阿山町）の田屋などすぐに織田軍に降った者もいた。だが伊賀国衆たちの多くは、果敢に織田の大軍と戦ったらしい。『多聞院日記』には、大和衆の奮戦と兵の損失について触れられるとともに、「（伊賀の）国中大焼け、ケフリ（煙）見えおわんぬ」と書かれている。

甲賀口から入った滝川・丹羽の軍と信楽口からの堀の軍は一手になり、九月六日、壬生野城《みぶの》（現伊賀町）・佐那具城《さなぐ》（現上野市）を攻撃した。この佐那具城攻めが伊賀平定戦を通じて最も激戦が展開されたところだろう。十日、城方から攻撃してきたのを、滝川と堀で応戦して撃ち破った。十一日、佐那具城は退散、城には信雄の兵が入れられた。

あとは、残ったおびただしい城々を次々と潰してゆくことである。織田軍は伊賀四郡を郡ごとに分けて、担当を決めた。阿加郡（伊賀郡）は信雄、山田郡は信包、名張郡は丹羽・筒井ら、阿拝郡《あべ》は滝川・堀ら、といったぐあいである。

その後は、伊賀のあちこちで無差別の殺戮が繰り返された。山の中に逃れた伊賀の住人たち、男女、老若の区別なく、また、俗人・出家の区別もなく、三百、五百と尋ね出されて首を切られたという(『蓮成院記録《れんじょういん》』)。

信長の追及は執拗である。十月二日になって信雄に宛てた書状には次のようにある。

「その郡、逃げ散り候族《やから》の事、是非に及ばず候。あい残る者ども、ことごとく打ち果たし候由、もっとももってしかるべくに候。勢州(伊勢)堺目に隠れ居り候輩《やから》、尋ね出し、頸を刎《は》ねられ候由」(『三重県史資料編近世1』所収)

大和の筒井順慶は、隣国の伊賀に知人が多かったのだろう。つい追及が甘くなってしまったらしい。それに対して、信長はわざわざ朱印状を発して叱りつけた。「恐怖の由」と、多聞院英俊は日記にしたためている。

十月九日、信長は伊賀の視察のため、安土を出発する。嫡男の信忠、甥の信澄がそれに従った。十日、一宮《いちのみや》(現上野市一之宮)に着く。信雄はじめ伊賀滞在の諸将は、争って信長の座所を飾り付け、珍物をととのえてもてなした。信長は一宮を本拠地として伊賀の方々を回り、このたびの殲滅戦に満足した様子だった。そして、十三日に伊賀を後にし、安土に戻った。

伊賀四郡のうち、山田郡は織田信包に、残りの三郡は北畠信雄に与えられた。こうして伊賀も、信長政権に完全に組み込まれたのである。

二、山陽・山陰での戦績

浦上・宇喜多・毛利氏の抗争

備中《びっちゅう》・美作《みまさか》は、播磨とともに赤松氏が守護として支配していた。ところが下剋上《げこくじょう》の世になって、家臣の浦上氏が台頭、三国の実権を奪われてしまった。弘治から永禄年間（一五五五～七〇）にかけては、備前天神山城《てんじんやま》（現岡山県和気《わけ》郡佐伯町）に居城を構える浦上宗景《むねかげ》が備前とその界隈に勢力を広げていた。

永禄十一年（一五六八）九月、信長が足利義昭を奉じて上洛し、彼を将軍位に就けると、宗景は早速新将軍に誼《よしみ》を通じている。だが、れっきとした守護である赤松氏の残存勢力と争いを続けている宗景は、幕府の受け入れるところとはならなかった。将軍の命令を受けた摂津の三守護（伊丹・池田・和田）に播磨にある属城を攻撃されている（『細川両家記』）。その後、宗景は毛利氏とも対立、信長が毛利氏に頼まれて兵を播磨に派遣したこともあった（『織田信長文書の研究』所収文書）。

浦上氏が東西に敵を持った状態の中で、今度はその家臣の宇喜多直家が力を伸ばし、浦上家からの独立を策して反抗を始めた。

このように浦上・宇喜多・毛利の三《み》つ巴《どもえ》の争いの場となったのが、元亀年間（一五七〇〜七三）の備前であった。将軍義昭も、信長も、この三者の争いを収拾するよう尽力している（『吉川家文書《きっかわけ》』他）。

三者の和が成ったのは、元亀三年（一五七二）十月のことである。だが、この頃には、中央で将軍と信長との対立が深まっている。その中で宗景は信長のほうに誼《よしみ》を通じた。将軍追放後の天正元年（一五七三）十一月、信長から備前・美作・播磨の三国を安堵されている。そして天正三年十月に、宗景は上洛して信長に拝謁した。

浦上と宇喜多との対立はいよいよ深まり、備前の地を舞台に戦いを繰り返すようになる。その中で、織田―浦上ラインと毛利―宇喜多ラインが形成されていった。背後の織田・毛利はしばらく備前での争いに介入しなかったが、天正四年七月、木津川口の海戦をきっかけに両者は衝突する。直家はいち早く播磨に出兵して織田方の上月城《こうづき》を攻略した。

長く続いた浦上・宇喜多の抗争も、翌天正五年に決着がつく。この年八月、ついに直家は宗景の居城天神山を落とし、宗景を備前から逐《お》ったのである。備前から播磨の西部までに勢力圏を広げた直家は、その地理的位置により、織田氏に対する毛利氏の先鋒の役割を果たすことになる。

美作・備前・備中要図

美作における戦い

天正五年十月、羽柴秀吉が播磨に派遣され、たちまちのうちに播磨の大部分を平定してしまった。宇喜多方だった上月城・福原城も落とされた。翌年四月、毛利軍が播磨まで出張して上月城奪回を策した。直家もその作戦に参加したが、途中で病と称して居城の岡山に引っ込んでしまう。秀吉の誘いの手が直家に伸びていたのである。直家はこの後しばらくの間、情勢を静観していた。だが、天正七年になって旗幟《きし》を鮮明にした。毛利氏を離れ、織田方になったのである。そしてこの年三月、毛利方の美作三星城《みつぼし》（現岡山県英田郡《あいだ》美作町）を攻撃した。

備前から美作にかけて勢力を広げている宇喜多直家が味方となって、秀吉の山陽方面の作戦は大きく前進した。なにしろせっかく平定したと思った播磨で別所氏が背き、秀吉自身はその方面にかかりきりで、備前・美作へ目を向ける余裕などなかったのである。以後、直家は秀吉の代理の形で、毛利氏との戦いを繰り返すことになる。では、美作におけるその戦いの跡を追ってみよう。

一、天正七年三月、宇喜多軍、毛利方の三星城を攻める。
三星城主は後藤元政である。宇喜多軍は、周囲の毛利方の城々を葬り、三星城に襲いかかった。毛利軍の救援はなく、五月二日に落城、元政は討ち死にした。

二、天正八年二月、宇喜多軍、秀吉軍とともに祝山城《いわいやま》（現津山市）を攻める。
祝山城を守っているのは、毛利氏から派遣された湯原《ゆはら》春綱である。毛利側からは吉川元春《きっかわもとはる》が救援に赴いたが、吉川軍が引き揚げた後、直家は再び祝山城を攻め、開城させた。

三、同年三月、羽柴・宇喜多軍、高山城（現苫田郡《とまた》加茂町）を攻める。
因幡《いなば》に近い高山城の城主は草苅重継《くさかりしげつぐ》。大軍の攻囲に負けずに城を持ちこたえ、ついに追い返している。

四、同年四月、宇喜多軍、垪和城《はが》（現久米郡《くめ》中央町）を攻める。

毛利方に寝返った岃和城を宇喜多軍が攻めたが、城兵はよく持ちこたえて、城を守った。
五、同年六月、宇喜多方の篠葺《ささぶき》城（現真庭《まにわ》郡久世《くせ》町）城主市三郎兵衛など毛利方に降る。
六、天正九年六月、毛利方の中村頼宗、宇喜多方の岩屋《いわや》城（現久米郡久米町）を攻略。
岩屋城は、この年二月に宇喜多方が奪い取ったのだが、六月二十五日、中村頼宗が城に夜襲をかけて奪い返したのである。
七、同年冬、秀吉の部将宮部継潤《けいじゅん》ら、高山城を攻める。
鳥取城を開城させた秀吉が、宮部を派遣して再び高山城を攻めさせたが、城主草苅重継はまたも持ちこたえた。

このほかにも、美作の諸城をめぐる戦いは数多くあったが省略する。

こうして見ると、美作こそ織田の最前線を務める宇喜多氏と毛利氏とのすさまじい抗争の場であったことがわかる。美作国内の城をめぐって、両者の戦いが三年余りも続くのである。秀吉の援助をほとんど受けずに、大敵毛利氏と互角に渡り合っている宇喜多直家は、賞讃されるべきであろう。

鳥取城攻め

因幡鳥取城は、守護山名《やまな》豊国《とよくに》の居城だった。三木城の別所とその与党を倒してようやく播磨全域を平定した秀吉は、今度はその矛先を因幡に向けた。天正八年五月のことである。鳥取城は、標高二六三メートルの久松山《きゅうしょうさん》の頂上に築かれている山城である。まず先鋒隊を派遣した秀吉は、五月二十一日鳥取表に到着、包囲戦を展開する（『細川家文書』）。

この時の戦いの記録はほとんど伝わっていないが、城主豊国はあっさりと降参して信長に忠誠を誓った様子である。秀吉は豊国にそのまま鳥取城を任せて軍を引いた。

ところが城内には、毛利氏に心を寄せる者たちが大勢いた。その中心人物は、家老の森下道与《どうよ》と中村春続《はるつぐ》である。彼らは毛利方に戻ることをしきりに城主豊国に勧めたが、信長に人質を提出している豊国は承知しない。

しかし見渡してみても、城内の大勢は毛利方に靡《なび》いている。豊国は決心した。九月二十一日、彼は十人余りの小姓だけを伴にして鳥取城を出奔《しゅっぽん》、秀吉を頼るのである。

こうして鳥取城は再び毛利方となった。しかし、城主がいなくなったのでは統制がとれない。森下にしろ中村にしろ、城兵を統率する自信がなかった。それで彼らは吉川元春に申し入れ、城将としてふさわしい人物の派遣を願った。それに応じた元春は、吉川氏の支流である石見福光城《いわみふくみつ》（現島根県邇摩《にま》郡温泉津《ゆのつ》町）城主吉川経安の長男経家を鳥取城に向かわせたのである。

新しい鳥取城将になった吉川経家は三十五歳の壮年、決死の覚悟で故郷を後にし、天正九年三月十八日に鳥取に入城した。

秀吉は焦らなかった。鳥取城攻めはこの年七月からと決め、それまでは久し振りにのんびりした生活を送っている。しかし、秀吉は確実に鳥取攻めの準備を進めていたのである。まず彼は、この城攻めは兵糧攻め以外にないと判断し、そのためには次の作戦が必要不可欠であると考えていた。

一、鳥取本城と二つの出城との間を分断し、徹底した包囲網をつくるため、できるだけ多数の兵を動員すること。

二、鳥取城のある因幡《いなば》と、補給源である伯耆《ほうき》の米をできるだけ少なくしておくこと。

三、米の収穫前に城を囲み、雪のため味方の軍が動けなくなる前に決着をつけること。

四、敵の兵糧補給は、間違いなく千代川《せんだい》から行われるはずなので、河口の備えを厳重にすること。

秀吉は、鳥取攻城戦を見越し、早くも前年のうちに因幡・伯耆の作毛《きくもう》を刈り、米の買い占めをさせていたのである。

一方の吉川経家も、鳥取城攻防戦の鍵は兵糧にある、とにらんでいた。秀吉軍の来攻は七月、十一月まで持ちこたえれば敵は雪のため攻めあぐんで退陣する、と読んでいた。それで、入城するやいなや兵糧米の調達に励んだ。しかし、そこまで読みながらも、その肝心の米が思うように集まらなかったのである。

六月、秀吉は弟の秀長を鳥取に向け、先発させた。そして二十五日には自身が姫路城を出陣した。全軍二万余の大軍である。すべて予定通りの行動だった。七月五日に秀長隊が、十二日に秀吉本隊が鳥取表に到着した。

秀吉軍は、鳥取城のある久松山の四方をびっしりと取り囲んだ。敵の出城《でじろ》の丸山《まるやま》と雁金山《かりがねやま》には部隊が配置された。千代川の河口には砦が築かれ、海上には警備の船が置かれた。まさに蟻の這い出る隙もない包囲網である。秀吉は、鳥取城を包囲しただけで、まったく攻勢には出なかった。ひたすら城内の兵糧が尽きるのを待つ作戦である。

八月、毛利軍が鳥取の後巻《うしろま》きに出陣する、という噂が信長の耳に入った。信長は、明智光秀・長岡藤孝・池田恒興・高山重友・中川清秀たち部将のほか、馬廻にも出陣の用意を命じた。彼らを自らが率いて、毛利軍と決戦する覚悟だったという。

毛利軍の来援は噂にすぎず、鳥取城内は深刻な状態に陥っていった。兵糧が乏しくなるにつれ、城内ではいさかいが絶えず、城将の経家を悩ませた。軍の後巻きがなくとも、せめて兵糧米だけでも送り届けてほしい。経家の嘆願がようやく通じて、毛利氏が兵糧米の運送に乗り出した。

八月二十三日、毛利氏の軍船が鳥取海上に姿を現わした。兵糧米を山と積んだ救援船である。だが海上には、秀吉の警備船に加えて長岡藤孝の家老松井康之の船もとどまっていた。松井の船は、先日秀吉の陣に兵糧米を届けたばかりであった。千代川の河口で、毛利方と織田方の船が衝突した。毛利方の船は、松井らの水軍に追い散らされ、六十五艘もの船が満載された米とともに海底に沈められてしまった。

鳥取城の開城

織田方は、信長自身が出陣するという気構えを見せているのに、毛利方の毛利輝元や吉川元春はどうしていたのだろうか。

九月になって、ようやく元春の嫡男元長が鳥取に向けて出陣した。だが、出雲《いずも》から伯耆に入ったところで、織田方の南条元続《もとつぐ》の守る羽衣石《うえし》城（現東伯郡東郷町）で引っ掛かってしまったのである。輝元も元春も、自国の不穏な情勢のため積極的に鳥取救援に向かえない状況だった。こうして、城将吉川経家の覚悟も空しく、鳥取城は絶望的な状態に陥っていくのである。

鳥取城内の兵糧は、九月いっぱいぐらいで底をついたようである。ぼつぼつと餓死者が出始めた。戦闘員ばかりでなく、近郷の農民も城内に逃げ込んでいたのだろうから、食料不足になるのはいたしかたない。雑草・木の葉も取り尽くし、牛や馬を殺して食べる。敵の鉄砲で倒れた者がまだ息のあるうちに、飛びかかって肉に食らいつく。この世の地獄絵が出現した。

ここに至って、城将吉川経家は決心した。鳥取城を開城し、自分の命に代えて城兵など城に籠っている者を助けようと考えたのである。経家は秀吉に降伏を申し入れた。

だが、経家の提示した条件を秀吉は拒絶した。秀吉は経家に切腹させる意思がなかったのである。経家はいわば雇われ城主であり、この反抗の首謀者ではない。鳥取城を敵にしてしまった張本人は、森下道与と中村春続である。秀吉はこの二人の処断を要求したのである。

それに対して経家は、自分こそ正真正銘の指揮官であり、旧山名の家臣たちは自分の指揮に従っただけである、ということを繰り返し強調した。何日にもわたる交渉の末、秀吉はようやく経家の主張を呑んだ。

経家が切腹したのは、十月二十五日。秀吉からの、城兵をすべて助命すると書かれた誓書を待ち、それを確認してから腹を切ったという。経家がわが身に替えて助けようとしていた森下・中村の両人は、前日の夜、それぞれ自分の持ち場で切腹して果てていた。

こうして城将吉川経家の覚悟によって、城兵たちは助命された。しかし、彼らに食事を与えると、久し振りのまともな食べ物を見て、思い切り胃に入れてしまう者が多く、半数以上の者が頓死《とんし》してしまったという。

高松城攻め

鳥取城を受け取った秀吉は、吉川軍に囲まれている伯耆の羽衣石城救援に向かう。そして、首尾よく城内に兵糧を運び入れることに成功する。吉川軍もあきらめて軍を引いた。秀吉軍の素早い動きに、吉川元春も翻弄された形であった。これで信長の山陰における勢力範囲は、伯者東部まで遮断物なく広がったのである。

秀吉は、次の攻略目標を山陽方面に置いた。備前と備中の境目は、美作と同じく宇喜多氏と毛利氏との争奪戦の場であった。秀吉はその地の平定に乗り出すのである。

天正十年（一五八二）三月十五日、秀吉は西へ向けて姫路を出陣する。播磨・但馬・因幡・備前・美作、五ヵ国の兵が従った。『武功夜話』には二万七千五百余とあるが、そのぐらいの大軍だったであろう。

備中東部の毛利方で最も有力な国衆は、高松城主の清水宗治である。毛利氏に従ってまだ数年という外様の家臣である。秀吉はまず誘降にかかった。しかし、硬骨漢として知られた宗治は、それに応じなかったのである。

四月十四日に備中に入った秀吉は、高松城（現岡山市）攻めに先んじて、冠山《かんむりやま》城・宮地山《みやじやま》城を攻めた。そして簡単に開城させた。五月七日、いよいよ秀吉軍は高松城を囲んだ。

高松城は、岡山平野の最北に位置している。三方を沼に囲まれ、もう一方には堀を構えた攻め口のない平城である。秀吉は、この城は力攻めは難しいと判断した。だが、その周辺の地形を見ると、城の南方に堤防を築いて足守《あしもり》川の水をせき止めれば、城の周囲は水没してしまいそうである。秀吉は、この城を水攻めにすることにした。

近郷の農民たちが集められ、高松城の東南の低地に約四キロメートルの堤防が築かれた。昼夜兼行で働かせ、十二日間で完成したという。足守川の水はたちまちに高松城を囲み、そこには城を浮き島にした湖が出現した。

秀吉の備中侵略、高松城の危機を聞いて、毛利軍も備中まで出陣してきた。毛利輝元自らが総軍を率い、吉川元春・小早川隆景のいわゆる「両川」もそろって高松表に向かった。輝元は高松から西に二〇キロメートルほど隔てた猿掛城《さるかけ》(現吉備《きび》郡真備《まび》町)にとどまったが、吉川・小早川の軍は高松表にまで進出してきた。

秀吉は、この毛利軍を合わせて五万と見積もっている。自分の軍だけで戦うには手強い大軍である。すぐに安土に救援軍派遣を依頼する使者を送った。五月十七日、信長は安土で秀吉の報告を受け、ただちに明智光秀・長岡忠興(藤孝の嫡男)・池田恒興・高山重友・中川清秀らに出陣の用意を命じた。彼らを先鋒軍として派遣した後、信長自ら出陣するつもりであった。そして、秀吉に対しては、戦いを急がず、そのまま毛利軍と対峙しているよう命令するのである。

信長も、救援軍も、結局は備中へは行けなかった。六月二日、信長は京都本能寺で明智光秀軍の襲撃を受けて自刃《じじん》し、中国救援は立ち消えになってしまうのである。

三、北陸での戦績

加賀の平定

柴田勝家の加賀平定戦は苦戦の連続だった。天正六年（一五七八）謙信が死に、上杉家中でその後継者争いが起こったのを幸いに、勝家は加賀進攻を試みた。しかし、それでもなお加賀一向一揆の抵抗力は、農民層を包括しているだけに一般の戦国大名とは違った執拗なものがあった。

天正六年九月に、斎藤新五郎の軍が飛驒経由で越中に進み、月岡野の戦いで上杉軍を破った。この越中での作戦は、加賀から進軍する柴田軍と連絡してのものと思われるが、勝家は結局加賀を突っ切れないで終わった（『北徴遺文』）。

天正七年八月になって、勝家の軍が能美《のみ》郡の安宅《あたか》・本折《もとおり》・小松（以上現石川県小松市）近辺を放火し、刈田を行っているが、この時になってさえまだ小松近辺も敵だったのである。まさに戦局は一進一退で、北陸方面軍の加賀平定が進捗《しんちょく》した形跡はない。

このように膠着《こうちゃく》していた戦局も、天正八年になって急に展望が開けるようになった。その背景には、信長と本願寺との講和への動きがある。

この年二月二十九日、一揆の首魁《しゅかい》で能美郡別宮《べっく》城（現石川郡鳥越《とりごえ》村）城主である鈴木義明は、松任《まっとう》の本誓寺《ほんせいじ》に宛てた書状で、織田軍に対する防戦のため門徒たちを来援させるよう求めている（『加賀本誓寺文書』）。

果たして、勝家の率いる織田軍の攻勢はここから激しくなった。閏三月九日、勝家の軍は金沢の近くの野々市《ののいち》砦（現石川郡野々市町）を攻め落とし、さらに能登との境目あたりまで進攻した。おそらく本願寺の出先機関として北陸の一向一揆の司令塔を務めていた金沢御堂《かなざわみどう》も、この時の戦いで滅亡したものと思われる。これまでわだかまっていたものを一気に吐きだしたような、勝家軍のすさまじい攻勢だった。

中央では、三月十七日に信長から本願寺との和睦の条件が提出され、閏三月五日には本願寺側から誓書が出されることにより両者の和睦は成立している。そして十一日、信長は大坂湾の封鎖を解き、勝家に対しても加賀での戦いを停止するよう命じている（『南行雑録《なんこうざつろく》』）。その後、和睦の条件に従って、顕如は四月九日に大坂の地を去り、紀伊鷺森《さぎのもり》に退いた。

つまり中央での和睦への動きが、加賀では逆に戦いを激化させることになっているのである。そして、閏三月三十日付けの長連龍《ちょうつらたつ》宛て黒印状を見ると、信長は停戦命令の裏で明らかに勝家を戦いに駆り立てている（『長家文書』）。

和睦を無視しているといえば、本願寺側も同様である。和睦反対の姿勢を貫いている教如は、加賀だけでなく諸国の門徒に対して信長との徹底抗戦の檄文を飛ばしているのである（『本願寺文書』他）。信長対本願寺の戦いは、八月二日の教如の大坂退出まで続くし、加賀での戦いは中央での動きに関係なく、この年十一月まで展開されるのである。

信長と本願寺との和睦条件の中には、加賀を本願寺に返付するという一ヵ条がある。勝家ら北陸方面軍の四年間の苦労は、この一ヵ条のため報われることなく消えてしまう。幸いと言おうか、加賀門徒はなおも好戦的である。これと戦うことにより、「如在なきにおいては（信長に従順ならば）」という条件を盾に加賀返付を空文化することができる。信長の意図は、こんなところにあったのかもしれない。その内意を受けて勝家は、加賀門徒とこれまで以上の激戦を展開しているのではないだろうか。

十一月十七日、勝家は一揆の首魁たちを討ち取り、その首級を安土に送った。その首の中には、長らく北陸の一向一揆を主導してきた若林長門守とその一族、別宮城を本拠にして執拗な抵抗を続けてきた鈴木義明一族があった。「信長公御感斜《ぎょかん》めならず候なり」という文言で、『信長公記』は結ばれている。

能登における長連龍の敢闘

能登に関しては、上杉謙信による七尾城攻略まで第四節―二で語っている。一族をことごとく殺戮された孝恩寺宗顓《そうせん》は還俗して長好連《よしつら》（後に連龍）と名乗り、復讐と七尾城回復の機会をねらっていた。しばらく越中の神保《じんぼ》氏張《うじはる》に匿《かくま》われていたが、翌天正六年より能登を舞台に活動を始める。

まず彼は、同年八月十四日、穴水城《あなみず》（現鳳至《ふげし》郡穴水町）を攻撃、これを陥落させて、対上杉氏の拠点とする。しかし、彼の孤軍奮闘だけでは、敵のまっただなかで城を保持するのは難しい。十一月には穴水城を放棄して再び神保のもとに保護されている。

連龍はしきりに信長に来援を請うものの、摂津・播磨方面の戦いに忙殺されている信長は空約束だけでいっこうに兵を派遣する様子がない。だが、そうした中で、彼は徐々に能登の地を回復していった。

天正八年閏三月、ようやく柴田勝家率いる北陸方面軍が加賀北部まで軍を進めた。連龍はそれに呼応して能登の所々を放火、続いて飯山《いのやま》（現羽咋《はくい》市）の戦いで上杉方の温井《ぬくい》景隆の軍を破った。謙信が死んだ後は、遊佐《ゆさ》・温井たち七尾城の留守衆は、闘志が萎《な》えていたのだろう。それに付け込んだ連龍は、五月の菱脇《ひしわけ》（現羽咋市菱分町）の戦いでまたも温井を破り、六月頃には羽咋郡、鹿島郡を制圧した。万策尽きた温井・三宅は七月、北陸方面軍に七尾城を渡して降参した。

殊勲者連龍は九月一日、信長より戦功を賞され、鹿島半郡と福光城を与えられている。能登平定戦では、こうした長連龍の復讐の念によるがむしゃらな動きが、信長の統一戦に大きく貢献したのである。

能登・越中衆の粛清

天正八年中に加賀の平定を果たした北陸方面軍は、斎藤新五郎や長連龍の敢闘も手伝って、速やかに能登・越中へと軍を進めた。一時は上杉謙信に従っていた両国の国人たちだが、上杉氏の内紛の頃より信長に誼《よしみ》を通じる者が多く、たちまちのうちに能登全域と越中の大部分が信長の支配下に組み入れられた。

天正九年二月、信長は未征服のまま越中に佐々成政を封じる。佐々は富山を居城として、越中での上杉氏との戦いに専念する。続いて八月には、前田利家を能登の支配者として七尾城を与えた。加賀征服に長い年月を費やした北陸方面軍だったが、ここで一気に戦線を越中中部まで伸ばすことになる。

能登では、守護畠山氏の老臣だった遊佐続光・温井景隆・三宅長盛たち、越中では、寺崎盛永・石黒成綱・神保氏張・斎藤信利などが信長に忠誠を誓った。

だが、越後一国に押し込められてしまったとはいえ、上杉氏は新主景勝のもとにまとまりつつある。能登・越中衆の中には、信長を信頼しきれず、密かに上杉とも通じ続けている者もいた。また信長のほうも、長らく敵対していた彼らを信用してはいなかった。こうしたお互いの不信の中から悲劇は起こるのである。

天正九年三月、信長の代表的側近菅屋《すがや》長頼が七尾城代として能登に乗り込んだ。彼は、畠山旧臣の不穏分子を一掃せよとの信長の命を帯びていた。そして、その中で最も力の強かった遊佐・温井・三宅の粛清を断行したのである。一族が討たれるなか、遊佐氏の惣領続光は城を脱出した。だが、まもなく捜し出され、長連龍の手によって息子や幼い孫ともども殺害された。温井・三宅は七尾城を出奔《しゅっぽん》して上杉氏のもとに逃れた。

同じ年、越中でも粛清の嵐が吹き荒れた。まず願海寺《がんかいじ》城（現富山市）城主寺崎盛永。彼は菅屋に能登へ呼び出され、殺害される（『上杉古文書』）。息子の喜六郎は、願海寺城を接収しようとする菅屋の軍と戦うが敗れ、最後は佐和山城で切腹させられる。

次に木舟《きぶね》城（現西礪波《にしとなみ》郡福岡町）城主石黒成綱。彼は信長の召し出しに応じて、三十人ほどの家臣を連れて近江に入った。信長はこれも佐和山城で討ち果たす予定だったが、長浜に着いたところで彼は危険を察し、そこから動こうとしなかった。石黒誅殺を命じられていた丹羽長秀は討手《うって》を率いて長浜まで出向き、町屋に籠っていた石黒主従を切り合いの末討ち取った。

このほか、いったんは信長に降ったはずの越中衆の小島職鎮《もとしげ》にしても、いつのまにか敵方となって富山城を奪い取っている。能登・越中両国の主な国衆で信長の粛清から逃れた者は何人もいない。

粛清された者たちが、上杉と二股かけていたというのは確かだろう。だが、そうしなければならないのは、信長という新しい主君をどうしても信用しきれなかったからである。

魚津城攻め

魚津《うおづ》城（現魚津市）は、やや東南に位置する松倉《まつくら》城とともに、越中における上杉方の生命線の城であった。ここを織田軍に突破されたなら、そのまま本国越後まで進撃されてしまう。柴田勝家を司令官とする北陸方面軍は、天正十年（一五八二）三月十一日に富山城を回復すると、すぐに魚津・松倉両城を囲んだ。魚津城には、中条《なかじょう》景泰を筆頭とする十三名の部将が籠っており、徹底抗戦の姿勢で守備を固めていた。

しかし、味方の後巻きがなければ、多勢《たぜい》の織田軍の攻撃をはね返すことなどできない。城内からはしきりに上杉景勝に後巻きの依頼があった。景勝は越後に亡命していた温井・三宅・遊佐ら越中衆を援軍として派遣したものの、自身はなかなか春日山《かすがやま》城（現新潟県上越市）を出陣できなかった。国内で新発田《しばた》重家の謀叛があり、その上、隣接している信濃から織田の将森長可《もりながよし》が越後をうかがう気配があったからである。

そうしているうちに、織田軍の兵が城壁に取り付いて攻撃する事態となり、五月六日には二の丸が占領されてしまった。ことここに至って、ついに景勝は重い腰を上げた。五月四日、春日山城を出陣、十五日には魚津の東方にある天神山に着陣したのである。

だが、城方が活気を取り戻したのもわずか十日間余りだった。この月下旬、景勝は後巻きの陣を解いて、春日山城に戻ってしまうのである。信濃から森、上野《こうずけ》から滝川一益が越後に進攻する、という噂を聞いたからである。こうして魚津城は再び孤立無援の状態に置かれた。後巻き軍が越後に引き返したのを見て、織田軍の総攻撃が再開された。

総攻撃は六月三日だった。前日、信長が本能寺で最期を遂げているのだが、もちろん魚津の戦場ではだれ一人それを知らない。この日、魚津城攻城軍の柴田・佐々・前田らはついに城の本丸に入った。そこには、籠城の十二将（城将の一人長与次《よじ》は籠城の途中より不在）の自決した姿があった。それぞれの屍《しかばね》の耳には板札が鉄線で結ばれており、札には死者の姓名が記されていたという。死んで名を残す、魚津城の守将たちはそうした道を選んだのだった。

四、武田氏討伐戦

信忠の出陣

天正三年（一五七五）五月、長篠の戦いで大敗した武田氏は、その後もなんとか甲斐・信濃・駿河三国の主としての地位を維持する。しかしその実、武田家の内部を見ると衰勢覆いがたいものがあった。当主勝頼への家臣たちの信頼が、日に日に失われていったのである。綻《ほころ》びはまず外様の家臣のところから生じた。信濃木曾の木曾義昌が、東美濃の遠山友忠を通じて信長に内通してきたのである。天正十年二月一日のことであった。

木曾の裏切りについては、早くから勝頼は察していたのだろう。韮崎《にらさき》の新府《しんぷ》城（現山梨県韮崎市）を出陣し、諏訪まで出張してきた。こうなると、信長もすぐに信濃に兵を出さねばならない。武田攻めの先鋒の主将を信忠に任せることを決め、彼の軍団に属している森長可と団忠正を先発隊として、早くも三日に出陣させた。森と団は、尾張・美濃の信忠軍団の一部を率い、木曾口に向かった。

十二日、信忠が岐阜城を出陣した。河尻秀隆・毛利長秀・水野守隆・水野忠重ら信忠軍団の将のほか、有力遊撃軍団を率いる滝川一益がそれに従った。

織田軍を迎え撃つはずの南信濃の城々はあっけなかった。滝沢《たきざわ》城（現長野県下伊那郡平谷村）は織田軍が信濃に入る前に開城した。松尾城（現飯田市）の小笠原信嶺《のぶみね》もすぐに降参。それだけでなく彼は、信濃路の道案内を務める。南信濃の主城である飯田城の守将坂西《ばんざい》織部《おりべ》・星名弾正も、森・団の率いる織田軍が近付くと、戦いを交えないうちに城を捨てて逃亡してしまった。

初めての戦いらしい戦いは、十六日に鳥居《とりい》峠で行われた。木曾義昌・遠山友忠に信忠馬廻が加勢した織田方と今福《いまふく》昌和率いる武田軍との戦いだったが、織田軍の勝利となって終わった。

この日、信忠が岩村口を経由して信濃に入った。次の日、飯田に着陣。その北に位置する大《おお》島《しま》城（現下伊那郡松川町）には、城主日向宗栄《ひなたそうえい》に加えて信玄の弟信廉《のぶかど》らが加わって守備を固めていた。しかし、信忠の本隊が近付くと聞いて、これも戦わずして逃れてしまった。

武田家臣の主家に対する忠誠心の薄さは、あきれるほどである。勝頼の従兄弟で義兄、家中でもナンバー1の重臣と目されていた穴山信君《あなやまのぶきみ》（梅雪《ばいせつ》）までも、ここで裏切るのである。彼は、駿河江尻《えじり》（現静岡県清水市）の城主として、遠江方面の押さえを務めていたが、甲府に人質として置いていた妻子を抜け出させ、徳川家康に通じた。勝頼はまだ諏訪に着陣していたが、穴山の裏切りを聞いて、甲斐をこれ以上留守にできないことを悟り、甲府に戻った。七、八千ほどもいた兵が途中で大勢逃亡し、甲府に着いた時には千にも足りなかった、と『甲乱記』にある。

まるで無人の野を行くように信忠軍は信濃を北上して行った。安土で出陣の準備をしながら次々ともたらされる戦捷《せんしょう》の報告を受けていた信長は、予想をはるかに上回る成果にかえって危うさを覚えたのだろうか。信忠を補佐している滝川一益や河尻秀隆に対して、信忠の快調な進撃を押し止どめるよう命じている。

「城介（信忠）事わかく候て、この時一人粉骨をも尽くし、名を取るべしと思う気色相い見え候間、毎々率《そっ》

美濃・信濃・甲斐要図

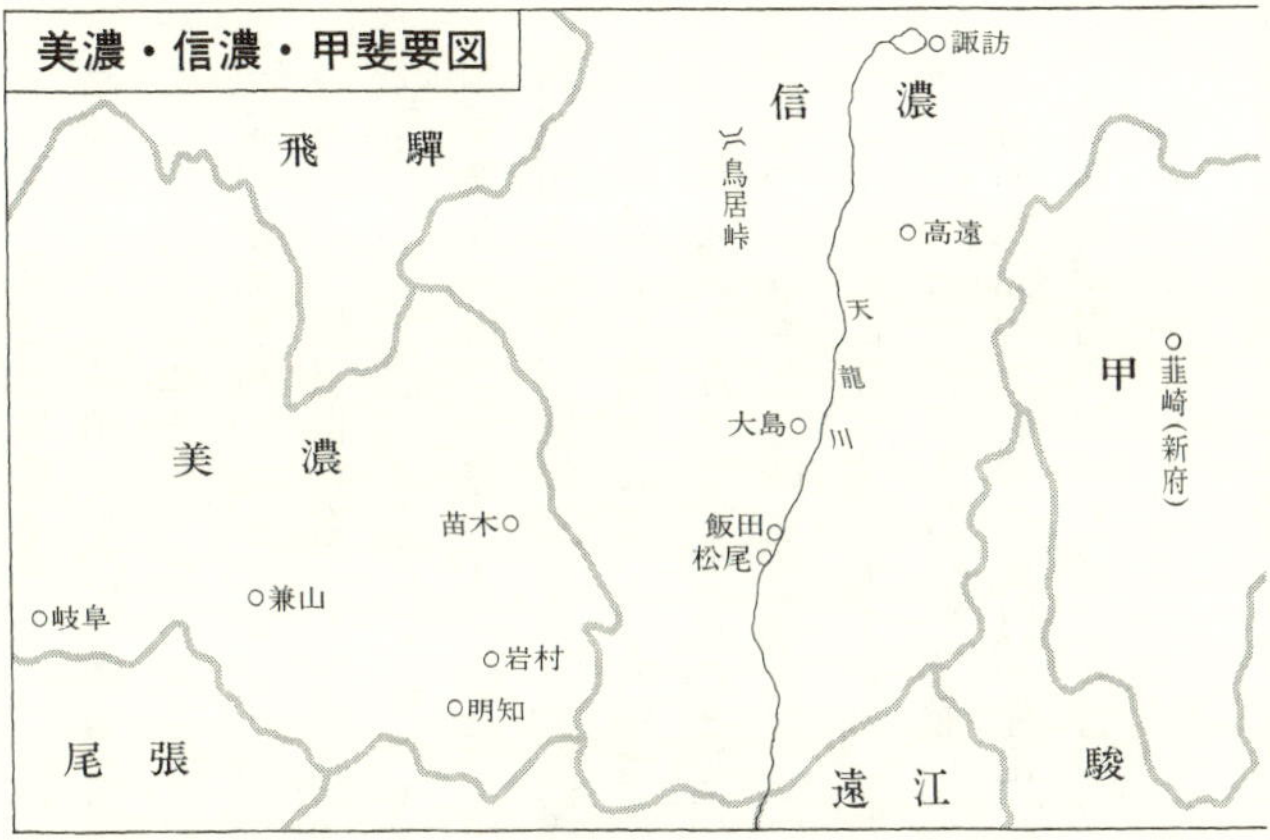

爾《じ》（軽率）の儀これあるべく候」（『建勲神社文書』）

「城介事、これも言上のごとく、信長出馬の間は、むざとさきへ越さざるのよう、滝川と相い談じ、堅く申し聞かすべきに候」（『徳川黎明会文書』）

「四郎（勝頼）近所へは、信長その地へ御出張、大軍をもって押し詰むべきに候」（『徳川黎明会文書』）

信忠二十六歳、先鋒を務めている森長可は二十五歳、彼らが若さのあまり軽率に進んで、敵の罠にはまるのを恐れているように見える。だがそれよりも、信長自身が出向いて年来の宿敵武田氏の息の根を止めたい、という欲求のほうが強かったのではないだろうか。

高遠城攻略戦

信濃の方々に散っている武田方の城は、ほとんど何の抵抗もなく開城した。信忠の軍は、高遠《たかとお》城（現上伊那郡高遠町）まで押し寄せ、ここで初めて抵抗らしい抵抗を受けることになる。

高遠城には、勝頼の弟仁科盛信《にしなもりのぶ》が籠っていた。三方が崖と川とに囲まれた山城である。信忠はここを攻めるにあたって、城主盛信に書状を送って降参を勧めたが、盛信は討ち死にを覚悟してその勧めを断ったと伝わっている（『甲乱記』）。

三月二日、信忠自ら率いる大軍が高遠城を囲んだ。そして、すぐに織田軍の攻撃が始まった。『甲乱記』によれば、総勢三万余の大軍だったという。大手からは森・団・毛利・河尻らの軍が川を渡り崖をよじ登って攻めた。信忠は城の後方の尾根続きの山のほうから攻撃した。信忠自らが柵を破り、塀の上に上って指揮を取るという猛攻だった。

一方の城方も奮戦した。侍大将である小山田備中守は、敵のまっただなかに駆け入って奮戦し、信忠と差し違えようとしたと伝わっている。諏訪勝右衛門という武士の妻は、女ながらも刀を取って戦ったという。名も伝わらぬ一人の美少年が、弓をもって寄せ手を大勢射倒したことが『信長公記』に書かれている。わずか一日で終わった攻城戦だったが、この通り城方の奮戦がいろいろと伝えられている戦いだった。

城方の主立った者は全員討ち死にし、この日のうちに高遠城は信忠の占領するところとなった。織田軍が討ち取った城方の首級は、四百を超えたという。城主盛信の首は、信長のもとへ運ばれた。

武田氏の滅亡

頼みの要害高遠城が一日にして落とされた。織田軍は間もなく信濃から甲斐になだれ込んでくるにちがいない。韮崎の新府城にいた勝頼は、この地を去って、一族である都留《つる》郡の小山田信茂を頼むことに決めた。もうそこしか彼が逃れる場所はなかったのである。

三月三日卯の刻（午前六時）、勝頼は前年暮に移ったばかりの館に火を放ち、新府を後にした。館には人質の女・子供が残されたままであり、彼らは生きながら焼き殺されたという。

一方信長は、三月五日になってようやく安土を出陣した。七日には岐阜に逗留している。

その七日、信忠は甲府まで進んだ。そして、武田一族の者や重臣たちを方々から尋ね出してことごとく殺戮した。信玄の二男（勝頼の異母兄）で盲目の龍宝《りゅうほう》（信親）、信玄の弟信廉、同じく一条信龍、今福昌和・小山田出羽守・諏訪越中守。長篠の戦いで戦死した山県昌景の子もここで討たれた。

十一日、勝頼主従は山道を進み、勝沼（現東山梨郡勝沼町）を経て駒飼《こまかい》（現同郡大和村）までたどり着いた。ところが頼みの小山田から冷淡な連絡があった。勝頼主従が来ても保護できない、というのである。小山田まで織田方に寝返っていたのである。

途方に暮れた勝頼たちは、天目山《てんもくざん》を望む田野《たの》（現同上）という地に柵を張り、急造の陣屋を作って逗留した。新府城を出た時は武士だけで五、六百人もいたはずなのに、この時にはたった四十一人が残るだけだったという。

狭隘な地に身を寄せ合っている勝頼主従を見つけ出したのは、滝川一益の軍だった。すぐさまこれを取り囲む。しかし、もういくさなどにはならない。それでも勝頼に従っていた武士たちは、最後の奮戦を見せて倒れていった。勝頼は陣屋の奥に引っ込み、切腹して果てた。嫡男の信勝、後室（北条氏政の妹）もともに死んだ。

こうして長年信長を悩ましてきた武田氏は滅びた。この武田攻めは、百パーセント信忠の指揮によって行われた戦いである。なぜなら、武田氏の滅びた三月十一日には、信長はまだ岩村にとどまっており、信濃に入ってすらいなかったからである。

信長は飯田を経て、十九日に諏訪に陣を張る。ここにしばらく滞在し、新領土の知行割り、甲斐・信濃の国掟などを決定している。四月二日に諏訪を発った信長は、甲府を経由して駿河に出、富士山を見物しながら東海道をゆっくりと西へ向かった。安土に凱旋したのは四月二十一日のことであった。

終節　信長の最期

信長への三職推任

武田氏を討伐し、十年に及ぶ悲願を達成した信長は、いっさんには安土に帰らなかった。戦いの論功行賞を行った後、のんびりと富士見物をしながら東海道を上るのである。甲府を発ったのが四月十日、途中で家康や部将たちの歓待を受けながら、ようやく二十一日に安土に凱旋した。一気に東方に広がった領国、徳川領である駿河・遠江・三河も、自国と同様すっかり信長に服従した地域である。それをゆっくりと確認するかのような悠々たる旅であった。

信長が安土に到着した四日後にあたる四月二十五日、京都では重大な問題が提起された。信長を太政大臣か関白か征夷大将軍に任じようという、いわゆる「三職推任《さんしきすいにん》」の件である。

「廿五日天晴。村井所へ参候。安土へ女はうしゆ（女房衆）御くた（下）し候て、太政大臣か関白か将軍か、御すいにん（推任）候て可然《しかるべく》候よし被申《もうされ》候。その由申入候」

内閣文庫蔵『日々記《にちにちき》』に載ったこの「三職推任」の記事が、一九六八年に岩沢愿彦《よしひこ》氏によって紹介されて以来、この推任は朝廷の意思によるものとずっと信じられてきた。ところが一九九一年、立花京子氏は、これを京都所司代の村井貞勝が持ち出したもの、その背後には信長の意思がある、との新説を打ち出した（岩沢氏「本能寺の変拾遺―『日々記』所収『天正十年夏記』について―」『歴史地理』九一―四、立花氏「信長への三職推任について」『歴史評論』四九七）。『日々記』の記事を熟読すると、立花氏の説が正しいようである。だが、この後推任をにべもなく断った信長の態度から見て、立花氏の言う「信長の意思」というのが納得できない。そのため、新たに所司代村井の「勇み足」との説も出てきた。

筆者も、村井勇み足説に賛成である。さらに想像をたくましくすれば、日頃から朝廷と信長との関係が円滑に運ぶよう心を砕いている勧修寺《かじゆうじ》晴豊《はれとよ》（『日々記』の筆者）との雑談の中で、村井が「こんなことはどうか」と気軽に話したのがきっかけだったのではないだろうか。立花氏が考えているほど村井は、がんじがらめに信長に縛られてはいない。特に後半期は、独自の判断で朝廷対策や京都の行政を推し進めているのである。

ともあれ朝廷は大急ぎで勅使をととのえ、五月四日に安土へ派遣する。晴豊も勅使に同行して信長に会い、その時の様子をまた日記に綴っている。

それによると信長は、推任を受けなかったようである。返事を保留したという解釈も成り立つが、少なくともじきに三職のどれかに就くことは断ったと見るべきである。

なぜ信長は最高の官職を得ることを拒否したのか。そう難しく考える必要はないと思う。信長晩年の朝廷に対する姿勢そのものが、そうしたものなのである。決して天皇をないがしろにするわけではないが、かといって律令以来の官職にはなんらの執着心を持たない。ただ政権確立の過程でややこだわりを見せた時があったように、利用価値を認めた時には利用するというのが、官職に対する彼の基本的な姿勢なのである。

四年前、右大臣を辞任した時の辞状《じじょう》あるいは勾当内侍《こうとうのないし》宛て朱印状の中に述べられている通り、晩年の信長は、自分の代わりに嫡男信忠が顕職に就くことを強く望んでいる（『総見寺《そうけんじ》文書』）。そして、それらの中には、自分自身の官職への執着心はまったく見られない。

晩年の信長の官職への意識は、次のようなものだったのではなかろうか。

毛利氏を屈伏させて全国の統一が見えた時、信忠をそれなりの官職に就かせ、自分はその父として彼を動かしながら育てていこう。

後に現われる秀吉の太閤《たいこう》、家康の大御所《おおごしょ》のような無官の王者というイメージが、信長の頭の中にあったのではなかろうか。

自己神格化の祭典

ところで、最晩年の信長が生きながら神になろうとしたということが、現在かなり広く信じられている。誕生日である五月十一日か十二日、自分を生きた神体として安土で盛大な祭典を催した、というのである。これは事実として認められることなのだろうか。

この祭典のことを記したのは、宣教師ルイス・フロイスがイエズス会総会長に送った書簡ただ一つである。長い文章なので全文の引用は避けるが、要点を記すと次の通りの内容である。

「信長は自分を生きた神体とし、自分の誕生日を聖日として万人に崇拝させようとした。安土山の寺院（摠見寺）の高所に自分の化身として『ボンサン』（盆山）と呼ばれる石を置き、諸国に次のように触れた。摠見寺に来て神体を崇拝すれば、富み栄え、八十歳の長寿を得、子のない者は子を授かり、病も癒え、希望・健康・平安を得るだろう。そして、その触れに応じて摠見寺に参詣した者は、信じられないほどの数であった」

宗教的欺瞞《ぎまん》・迷信をあれほど嫌った信長が、なぜこのような空虚な祭典を主催するのか。この著しい不整合について、晩年の信長は狂っていたとか、正親町《おおぎまち》天皇との争いに負けてやぶれかぶれになったとかという説が現われている。そのように解釈するのは簡単である。だが、あまりに主観的な解釈は研究者の姿勢とはいえないだろう。

また、次の疑問もある。これほどの大きなイベントが、なぜ日本人の記録に残らなかったのだろうか。例えば吉田兼見などは安土から近いところに住み、かなり筆まめな男なのに、その日記には一言半句このことを記していない。これは、かなり不自然なことといわねばならない。

『イエズス会日本年報』に所収された多くの書簡、そしてそれらの内容をまとめた『日本史』。信長について研究するにあたって、フロイスが我々に与えている恩恵は計り知れない。西洋人のリアルな表現は、ともすれば日本人の記述よりも正確な事実を教えてくれたりもする。しかし、フロイスの記述を史料として用いる場合、しばしばキリスト教の価値基準で判断された、偏見に満ちた記事があることも念頭に置かなければならない。一例として朝山日乗《あさやまにちじょう》に対する人物評を見てみよう。

朝山日乗といえば、信長の上洛以来数年間、天皇・将軍・信長の三権力の間で奔走した人物で、三権力のどこからも重宝されるほどの有能な外交僧だった。毛利氏にあって同じ外交僧として活躍した安国寺恵瓊《えけい》が日乗の能力に舌を巻き、古代中国の太公望《たいこうぼう》や周公旦《しゅうこうたん》になぞらえているほどである。

しかし、彼はキリスト教嫌いで、しばしばフロイスたちの布教の邪魔をしたらしい。そうした彼に対するフロイスの人物評はさんざんである。「肉体に宿りたるルシフェル（悪魔）」「庶民の欺瞞者」。キリスト教の敵なのだから、このあたりまではしかたないだろう。しかし、「学問なき愚人」はいただけない。日乗は、山科言継ら公家を前にして堂々と法華経の講義をしているのだから、かなりの教養人だったはずなのである（『言継卿記』）。『日本史』には、信長の前でイルマン（修道僧）のロレンソとの論争に負けた日乗が、刀を抜いて切りかかったなどという記述があるが、こんな記事も大部分はフロイスの創作なのではあるまいか。

フロイスの記述を通して見るがよい。権力者でありながら非業の最期を遂げた者には、むやみに厳しいことがわかる。そしてそこには、「デウスに背いたゆえ」という一節が添えられている。その死を境に、人物評がガラリと変わってしまうのである。

信長の自己神格化の祭典の記事は、信長の死後である一五八二年十一月五日（日本暦天正十年十月二十日）付けの書簡の中にあるのである。そして当のフロイスは五月には九州にいて、実際に祭典なるものを見たわけではない。フロイスは、信長の死を聞いてその死を正当化するために、一大創作を試みた。この頃安土で行われたささやかなイベント（家康の饗応かもしれない）を、信長のデウスへの反逆に作り上げた。筆者はそのように考えている。

いずれにしても、フロイスの書いたことをそのままの形で信じることは危険である、といいたい。

本能寺の変前夜

信長の上洛は五月二十九日だった。同行したのは、小姓衆わずか二、三十人だったと『信長公記』にある。

駿河を与えられた礼のため安土を訪れた家康と穴山梅雪を歓待、三男の神戸信孝への四国征伐の命令、毛利氏と対峙している秀吉からの援軍要請に応じて明智光秀ら諸将に出陣を命令、信長は上洛直前にもかなり慌ただしい日々を送っていた。この後にも、六月四日には京都を出発して中国・四国の戦線を指揮する予定を立てていた。

二十九日の申の刻（午後四時）に信長は京都に着いたが、公家たちの迎えを断って、そのまま本能寺に入った。

翌六月一日は、訪問解禁とあって勅使をはじめ大勢の公家衆が本能寺を訪れた。まず勅使の権大納言甘露寺《かんろじ》経元《つねもと》と勧修寺晴豊、前太政大臣近衛《このえ》前久《さきひさ》とその子内大臣信基、前関白九条兼孝、関白一条内基《うちもと》、右大臣二条昭実《あきざね》等々。まるで御所が一時的に移ってきたかのような、堂上公家《とうしょうくげ》のにぎわいであった。無理もない。信長の上洛は、前年の三月、あの馬揃えの時以来だったのである。

信長は茶会を開くなどして、彼ら公家衆と数時間懇談した。信長の口から、三月の武田氏討伐の様子、これからの毛利氏との戦いのことなどが機嫌よく語られた。

だが、信長と公家衆との話が噛み合わず、不穏な空気が流れた話題もあった。それは暦のことである。以前より信長は、尾張の造暦者の説に基づいて、この天正十年に閏《うるう》十二月を入れることを主張していた。だが公家衆は、陰陽頭《おんみょうのかみ》土御門《つちみかど》家の天正十一年閏一月に固執したという件である。

夜になってから、嫡男の信忠が宿所の妙覚寺《みょうかくじ》から本能寺を訪れた。そのほか、京都所司代の村井貞勝や京都町内に宿をとっている馬廻たちも次々とやってきた。昼間の公家相手の堅苦しい席とちがい、身内だけの気楽な場である。信長もかなりくつろいだひと時を過ごしたことだろう。

信忠や家臣たちが宿所に戻ったのは、夜もかなり更けてからだった。信長が疲れた体を夜具に沈めたのは、かなり遅い時刻だっただろう。

明智軍の本能寺襲撃

六月二日の払暁、本能寺の外から聞こえるざわめきに、信長は眠りを破られた。彼に従っている森乱（蘭丸）たち小姓の面々も仮眠から覚めた。信長も小姓たちも、この京都の町中でいくさが起こるなどとは夢にも思っていない。町衆たちが喧嘩でも始めたか、と思っているうち、鬨《とき》の声が聞こえ、鉄砲が撃ちこまれた。『信長公記』によれば、この時、信長と森乱との間に次の対話が交わされたという。

「これは謀叛か。いかなる者の企てぞ」

「明智が者と見え申し候」

「是非に及ばず」

この信長の最後の言葉とされる「是非に及ばず」は有名だが、『信長公記』の作者太田牛一は、その場にいたわけではない。だが、牛一自筆の池田家本『信長記』には、次のように書かれている。

「女どもこの時まで居申して、様躰《ようてい》見申し候と物語候」

つまり、信長の傍らにはまだ侍女がいて、信長の様子を見届けていた。牛一はそうした女性からこの時の有様を聞いて『信長公記』に記述した、というのである。だから信長の言葉も、単なる牛一の想像の産物とはいえない。

なおも『信長公記』の記述に従えば、明智軍が本能寺に攻め込んだ時、本能寺に詰めていた者は三手に分かれていた。信長の側にいた小姓衆、表御堂《おもてみどう》で寝ずの番をしていた小姓衆、それに厩番《うまやばん》の武士と中間《ちゆうげん》衆である。

表御堂にいた小姓衆は、すぐに信長のもとに駆け付けて主君を守る体制をとった。そして、厩にいた者たちが最初に敵に向かっていった。矢代勝介《やしろしようすけ》・伴《ばん》太郎左衛門・伴《とも》正林・村田吉五といった面々、あとは中間衆だけだった。

一人一人はつわものだったが、なにしろ多勢に無勢、彼らはたちまちに切り伏せられた。このうち矢代は関東出身の馬術家で、二年ほど前から信長のもとに身を寄せていた者である。お前は他の者とはちがう、早くこの場を逃れよ、という者がいたが、せせら笑って敵と戦い、討ち死にしたという。

ここで信長自身が弓を取り、弦が切れると次に槍を持って敵と戦ったと『信長公記』は伝える。しかし、ひとわたり戦った後、本殿の奥の部屋に入って切腹し、遺骸を隠すなどという余裕が一体あっただろうか。

この時、光秀に従って本能寺を攻めた本城惣右衛門《ほんじょうそうえもん》という者が残した覚書がある（「本城惣右衛門覚書」『ビブリア』五七）。それによると、惣右衛門が攻め込んだ時、本能寺の中は無人に近い状態で静まり返っていたという。

広い境内にはおそらく百人余りしか泊まっていない。人数があまりに違いすぎ、合戦の形にはならなかったのではなかろうか。午前七時頃には、本能寺は焼け落ち、戦いの決着はついた。

二条御所の戦い

信忠の宿泊所は妙覚寺だった。本能寺とは一キロメートル足らずしか離れていない。しかし、光秀は本能寺に攻撃を集中したため、しばらくの間妙覚寺は安全地帯だったらしい。

本能寺が襲われた、との報を聞いて、信忠はすぐに父のもとに駆け付けようとした。そこに村井貞勝が二人の息子とともにやってきた。そしていう。もう本能寺は絶望的だ。これから明智軍はこちらを攻撃する。この寺よりも隣の二条御所が防ぎやすいから、そこに移って戦うほうがよい。

京都所司代の村井の屋敷は本能寺の側だった。明智軍の攻撃をもっと早く知らせ、信忠を京都から逃れさせる方法はなかったのだろうか。どうしても村井の報告が遅かったという感を拭いきれない。

それでもなお、逃亡を勧める家臣がいた。それに対して信忠はいったという。

「このような謀叛ならば、逃れられないように手を打っているだろう。雑兵《ぞうひょう》の手にかかるよりはここで腹を切ったほうがよい」

だが『当代記』には次のようにある。

「この儀に定めて、惟任《これとう》（明智光秀）深く隠密《おんみつ》しける間、路次へその擬《はか》り成らざる間、安土へ御移るにおいては別条あるべからざるところ、御運の末と覚えたり」

光秀は謀叛を深く隠していたので、逃亡を防ぐ手立てなどしていなかった、というのである。現に信長の弟長益《ながます》（後の有楽斎《うらくさい》）は、密かに忍び出て首尾よく安土まで逃れている。この時の信忠の決断が、日本史を大きく変えることになろうとは、当の信忠自身が知るよしもない。

二条御所は、信長が建造し皇太子誠仁《さねひと》親王一家に譲渡した屋敷である。正親町天皇の上御所《かみのごしょ》に対して下御所《しものごしょ》と呼ばれ、皇居に準じる扱いを受けていた。信忠は村井の言に従い、軍兵を連れて二条御所に移動した。妙覚寺に同宿していた馬廻は約五百、それに加えて、京都内に分宿しながら本能寺救援に間に合わなかった信長馬廻約五百が駆け付けており、一千ほどの兵が揃っていた。

二条御所に籠ってまもなく、明智の軍がそこを取り囲んだ。信忠は村井を仲介して光秀と交渉する。皇太子一家を上御所に避難させることである。

光秀のねらうのは、信忠の首一つである。もちろん承知し、皇太子一家と公家たちが、軍勢の見守る中を御所から脱出していった。皇太子一家の脱出が無事に終わるや、再び明智軍の攻撃が始まった。信忠方は一千の兵がいるといっても、多勢に無勢なのは本能寺と変わらない。それに軍装もなく、帷子《かたびら》姿で太刀を持っているだけである。それでも積極的に門を出て戦い、三度までも明智軍を押し戻したという。

しかし多勢の明智軍はついに大手門を突破して御所内に乱入、信忠軍を御殿に追い詰めた。信忠の目前にまで敵が迫った。

ここで信忠は鎧を着け、自ら太刀を取って敵兵を次々と切り伏せるという大奮闘を見せた。従う兵たちも、主将に負けじと奮戦した。

予想外ともいえる抵抗に、明智軍はややひるんだ。そして、作戦を変更する。二条御所の隣には近衛前久《さきひさ》の屋敷がある。そこに乱入し、屋根の上から弓と鉄砲で攻撃するという作戦をとったのである。この攻撃は効果的だった。次々と討たれて、信忠の周囲にはわずかな兵が残るのみとなった。

ここで信忠は観念し、切腹して果てた。すべてが終わったのは午前九時頃。京都の町は完全に目覚めていた。

本能寺の変の原因について

なぜ光秀は、主君の信長を襲ったのか。本能寺の変の原因については、江戸時代からずっと議論が続いている。

長い間にいろいろな説が唱えられてきたが、整理すると二つにまとめられるだろう。一つは光秀の信長に対する怨恨《えんこん》という説、もう一つは光秀の野望の結果だという説である。

前者は桑田忠親氏、後者は高柳光壽氏を代表とするが、この戦国史の泰斗二人の説を軸として派生的な議論が展開されてきたといってよい。

ところが十年ほど前から、光秀を動かした「黒幕」存在説がさかんに唱えられるようになった。

一口に「黒幕」といっても、その黒幕はいろいろに分かれる。朝廷黒幕説・足利義昭黒幕説・羽柴秀吉黒幕説・徳川家康黒幕説等々。なかには単に読者の興味をそそるためだけにでっち上げたようないいかげんなものもある。これらの黒幕説の中で検討に値する説は、朝廷黒幕説と足利義昭黒幕説の二つだけだろう。この二つの説の中には、当時の日記・文書を再検討し、堂々たる論文に仕上がっているものもある。

しかし、これらの説にしてもまだ弱点を抱えており、定説となるにはほど遠い。

朝廷黒幕説では、信長と朝廷との間はそんなにも緊迫していたのかという疑問が根底にある。そして、これに関連していろいろな問題がからんでくる。信長の自己神格化は実際にあったのか、三職推任の主体は朝廷か信長か、正親町天皇に譲位の意思はあったのか、馬揃えは信長のどんな意図のもとになされたのか、信長がなぜ京暦を改めようとしたのかなどの問題である。これらの問題については、それぞれ多くの論文が発表されているけれど、なんと、どの問題に関しても正反対の説が対立したままの状態にとどまっているのである。

さらに朝廷黒幕説に対しては、打倒信長の中心人物と目される誠仁親王が、なぜ危険な二条御所から事前に離れていなかったのだろうかという疑問がある。こうした素朴な疑問をも克服しない限り、朝廷黒幕説は説得力を持たないだろう。

足利義昭黒幕説にも素朴な疑問がいくつかある。

明智光秀は現実を冷静に見ようとする男である。そうした彼が、零落している義昭などに簡単に動かされるだろうか。また、当時義昭を庇護していた毛利氏は、備中高松で羽柴秀吉の軍と対峙していたのだが、本能寺の変が起こって四日後になってすらも、変の実態がつかめなかった（『萩藩閥閲録《ばつえつろく》』ほか）。毛利氏を蚊帳《かや》の外に置いて、義昭が打倒信長のプランを練るはずはなかろう。

まだまだ本能寺の変の真相をめぐっての論議は続くだろう。しかし、これからはむしろ、光秀単独の企てという従来からの説に戻って考え直したほうがよいのではないだろうか。

第三章　信長の戦略・戦術

一、信長の外交戦略

上洛前の近国同盟

信長の戦略の一つとして、まず周囲の戦国大名との外交政策を見てみよう。彼は尾張を統一し、次に美濃を併合、そして上洛の軍を起こすのだが、上洛までの外交を見ると、近隣の者を味方に引き込む近国同盟が基軸だったようである。

信長が織田家を継いだ時は、父信秀の結んだ美濃の斎藤道三との同盟が生きていた。当時の信長は、清須をはじめ尾張国内に数多《あまた》の敵を持っていたが、この斎藤氏との同盟が救いだった。天文二十三年（一五五四）一月の村木城攻めの時には、信長は道三から兵を借りて那古野《なごや》城の留守居を務めさせている（第二章第一節—一）。信長と道三の間で、尾張・美濃の軍事同盟は引き続き維持されていたのである。

だが、斎藤家が義龍の代になると、織田・斎藤の関係は一変する。同盟が破れるのである。この時期は信長にとって、北の斎藤、東の今川を敵とし、尾張国内にも敵を抱えた最も苦しい時であった。義龍のほうから尾張を侵すことがなかったのがせめてもの救いだった。

東方の敵今川義元とは、信長は一度も同盟を結んだことがない。だが、桶狭間の戦いで今川氏を撃ち破った翌々年、三河を回復しつつある松平元康（徳川家康）との同盟を成立させた。今川氏の衰えに加えこの近国同盟により、信長は後顧の憂いなく美濃侵略に専念することができた。信長と家康との結び付きは、後に単なる軍事同盟を超えた密接なものになることは周知の通りである。

美濃の侵略を進めながら、信長は上杉謙信・武田信玄の両雄と結び付く。美濃平定、さらに上洛を見越した上で、信長が初めてとった遠交近攻策である。謙信と信玄との反目はいまだ止まず、彼ら二人に北条氏もからんで東国は不穏な状況が続いている。だから謙信も信玄も、利害関係の少ない信長の求めるまま同盟を結んだわけである。しかも信長は、謙信・信玄双方に対して、あたかも兄事しているかのような慇懃《いんぎん》な姿勢を崩さない。

東方の不穏な状況を見据えて対立している双方に手を差し延べ、さらに従順さをよそおって対応しているあたり、信長の外交感覚はなかなかのものといえるだろう。

上洛後の遠交近攻策

上洛に備えて信長は、北近江の浅井《あさい》長政と同盟を結ぶ。居城岐阜と京都との間の通路を確保せねばならないから、近江を味方にしておくという作戦は不可欠である。南近江の六角氏に対しても、信長は執拗に説得する。六角氏は最後まで折れず、ついに戦いになるのだが、ここで七日間も説得を続けたということは、信長が外交による解決に強い執着を持っていたことを示している（第二章第一節―三）。

先に述べた上杉・武田との友好も保たれている。さらに中国で覇をとなえている毛利氏とも交渉を持った。上洛後の一年余りは、信長は畿内と伊勢の平定に専念すればよかったのである。

その後の信長は、将軍義昭との対立に伴って、周囲の大部分を敵に回す状態になってしまう。だが、周囲の群雄を反信長に駆り立てた将軍の権威は無視できないけれど、それがなくとも、国内の統一が進めば地方の群雄と衝突せねばならないのは、いわば必然的な展開である。

畿内・近国の大部分を敵に回した元亀年間になっても、武田・上杉・毛利との友好関係は続いていた。だが、当然ながら信長はその後、彼らと戦うことになる。まず元亀三年（一五七二）、武田信玄が敵となって向かってきたが、信長は上杉謙信との連携を崩さなかった。天正五年（一五七七）、その謙信が西上しようとすると、陸奥《むつ》の大名伊達輝宗《だててるむね》に連絡して、謙信を東から牽制することを頼んでいる（『伊達家文書』）。

武田・上杉、両方を敵に回してしまった信長は、今度は北条氏をはじめとする関東・奥羽《おうう》の戦国大名を味方にした。

西方でも、天正四年から毛利氏と衝突することになる。これに対して信長は、九州の大友氏と結び、島津氏と和睦して西から毛利氏を脅かすことを求めている（『大友家文書録』）。武田・

上杉・毛利といった大戦国大名との対決にあたって信長は、陸奥から九州に至るまでの大戦略を展開しているのである。

信長と結んだ大名の中で、軍を派遣して信長に協力した者は、家康を除くと、武田攻めにおける北条氏ぐらいである。しかし、敵の背後を脅かすという意味で、これらの遠交近攻策はそれなりの効果をあげたと評価したい。

年代	近親	縁組
弘治年間？	叔母某女	美濃遠山景任室
同？	妹　某女	美濃遠山直廉室
永禄年間中頃	妹　いぬ	尾張佐治信方室 後、細川昭元室
同年	四男勝長	美濃遠山景任養子
同八年	養女某女 （遠山直廉の娘）	武田勝頼室
同十年	長女ごとく	徳川信康室
同十一年	三男信孝	伊勢神戸具盛養子
同年	弟　信包	伊勢長野家養子
同年	妹　いち	近江浅井長政室
同十二年	二男信雄	伊勢北畠具房養子
天正初年？	妹　某女	越中神保氏張室

婚姻・養子縁組政策

信長は男子十一人、女子十一人の子沢山である。弟や妹も大勢いた。彼は、こうした近親を政略のために最大限に利用した。婚姻ないし養子政策である。信長の主導した他家との縁組をだいたい年代順に追ってみると、上の表の通りである。

神保氏張と信長妹との婚姻の時期については不確かだから、信長の婚姻ないし養子縁組政策は永禄末年までに集中していると見てよい。遠山氏との三重にもわたる縁組は美濃平定のための布石である。また、伊勢平定のために三件もの養子縁組策を重ねている。

武田氏・徳川氏との縁組は、上洛を見据えて東方の安全を図った戦略である。武田氏とは、信長養女勝頼室の死に伴い、信長の嫡男信忠と信玄の娘（松姫）との婚約がなされたが、その後の父同士の対立により婚姻に至らなかった。

元亀・天正年間になると、信長にはこうした縁組による政略はほとんど見られなくなる。そして、まだ大勢いた妹や娘は、家臣に嫁がせていく。こうした変化は、縁組という政略はもはや必要なし、と信長が判断した結果であろう。

天皇・将軍の権威の利用

信長は足利義昭を奉じて上洛し、これを将軍位に就ける。彼は上洛以前から正親町《おおぎまち》天皇の綸《りん》旨《じ》を受けていたが、上洛後皇居の修理などを通じて勤王の姿勢を示し、より密着度を増している。

天皇・将軍といった古くからの権威の中にこそ、普遍的な「正義」がある。信長はそれを承知していた。だからこそ彼は、表面上は両権威への忠誠のポーズを保っていた。元亀元年（一五七〇）には、天皇より天下静謐《せいひつ》の軍を起こすことを認められ、幕臣だけでなく公家をも率いて出陣している（第二章第二節―一）。

信長の戦歴の中での最大のピンチは、元亀元年の志賀の陣であった。比叡山に着陣した朝倉・浅井軍を囲みながらも、南方には三好三人衆が控え、東の長島では一向一揆が蜂起するという非常事態だった。この時、信長は天皇・将軍双方を動かし、朝倉・浅井、それに比叡山との講和に持ち込むのである（第二章第二節―二）。

やがて信長は将軍義昭と対立し、これを追放する。義昭と戦うため京都に入る時、信長は吉田神社祠官吉田兼和《かねかず》に質問する。朝廷における将軍の評判はどうか、と。そうした中に当時の信長の姿勢が見いだせる。将軍との間はもう修復できない状態になっている。それでは朝廷の中だけに自分の「正義」の拠り所を求めよう、という姿勢である（第二章第二節―三）。

将軍を追放した後は、信長は天皇の権威のみを利用した。本願寺との講和の時、信長は天皇を動かした。だが、この時本願寺は、必ずしも「仏法」に並ぶ権威の「王法＝天皇」からの命令を必要としていたわけではない。神田千里氏の見解によれば、将軍と連携して信長と戦った本願寺を屈伏させるには、どうしても将軍を超える権威、すなわち天皇の命令が必要であった、ということである（同氏著『信長と石山合戦』）。つまり、将軍が本願寺の背後にいなければ、信長は天皇をわずらわせることなく講和に持っていったはずなのである。

その二年前の天正六年（一五七八）、荒木村重が本願寺・毛利氏に与《くみ》して信長に背いた時、困窮した信長は天皇に本願寺・毛利氏との和睦を仲介するよう依頼した。だが、その矢先に九鬼嘉隆の水軍が毛利水軍を破り、さらに荒木の腹心の中川・高山が味方になって勝利が見えてくると、あっさりとその依頼を取り下げてしまった。

たしかに信長は、効果的に古来の権威を利用して統一戦を進めてきた。しかし彼の真意には、そうした権威の利用は最小限にとどめ、できれば自分の実力だけでことを処理しよう、という方向性があった、ということも知るべきだろう。

二、効果的な戦いのための戦略

専業武士による親衛隊

『信長公記』首巻に次の記載がある。

「か様に攻一仁《せめいちにん》に御成り候えども、究竟（屈強）の度々《たびたび》の覚《おぼえ》の侍衆七・八百甍《いらか》を並べ御座候の間、御合戦に及び一度も不覚これなし」

この記述は、異母兄信広が美濃に通じて信長に謀叛を企て失敗したという記事の後に続くものである。弘治二年（一五五六）頃と考えてよい。兄弟さえ敵方に通じるという孤立した立場になっても、常に信長の周囲には屈強でたびたび手柄を立てるほどの武士たちが七、八百人もいたから、合戦で一度も敗れたことがないというのである。

信長がその後居城とした小牧にしろ岐阜にしろ、その城下に大勢の馬廻たちが集住していた。馬廻たちを本領から離して城下に集めるという方針は、信長の清須時代から行われていたわけである。

戦いの時に信長の周囲を固める馬廻・小姓は、尾張の国人《こくじん》あるいは土豪層の二男以下の者が多い。家の跡取りはそのまま在地させ、二男以下の中でめぼしい者を親衛隊として城下に常住させたのである。そして彼らには、扶持《ふち》の形で給与が与えられたのではなかろうか。信長は、津島（現愛知県津島市）から上がる莫大な金銭を父から相続しているのである。

信長は、このような強力な親衛隊を手足のように動かして、初期の戦いに臨んだ。天文二十一年（一五五二）の赤塚の戦い、弘治二年（一五五六）の稲生《いのう》の戦い、それに尾張の統一がとっくに完了している永禄八年（一五六五）の堂洞《どうぼら》城攻めの時も、信長の指揮した兵力について七、八百という数字が『信長公記』に表われている（第二章第一節―一、二）。

いつでも戦える専業武士団。しかも集団戦法を訓練された強力な武士団。七、八百という数字は、戦闘員でない者も含んだ数字なのかもしれない。だが、稲生の戦いを見ると、本来戦闘員でないはずの「下人《げにん》」たちまで武器をとって手柄を立てている。戦闘員として訓練されていたのだろう（第二章第一節―一）。

七、八百がすべて戦闘員ならば、非戦闘要員を含んだ五、六千もの軍に負けない戦闘力が期待できる。信長の初期の戦いを支えたのは、この親衛隊だったのである。

遠征に向けての大作戦

信長の親衛隊は、特に初期の局地戦で大活躍を見せた。だが、上洛後、信長はしばしば遠征して各地の敵と戦うことになる。彼の遠征軍の特徴は、可能な限りの兵力を催して遠征に臨むということである。では、上洛戦から始まる信長の遠征とその時の兵力を表に示してみよう。

永禄十一年九月	上洛戦	四万～六万
十二年八月	大河内城攻め	八万～十万
元亀元年四月	越前遠征	三万
六月	小谷城攻め	二万余
八月	野田・福島攻め	四万余
二年五月	長島攻め	五万余
八月	小谷城攻め	五万？
三年三月	小谷城攻め	数万
七月	小谷城攻め	五万余
天正元年七月	槙島城攻め	七万余
八月	小谷城・越前攻め	不明
二年七月	長島攻め	七万
三年四月	高屋・大坂攻め	十万
五月	長篠城救援	三万
八月	越前一向一揆討伐	五万
五年二月	雑賀攻め	十万余
六年十一月	有岡城攻め	三万余
十年二月	武田攻め	不明

「不明」としてある戦いは、どの史料にも兵力の記載がないものである。歴史を記述するにあたって良質史料の記事を優先するというのは当然の姿勢なのだが、兵力の数値などというものは史料の質に関係なくあまり当てにならないものである。だから、ここに記した数字は大づかみにとらえるべきだろう。だが信長は、三万ほどの動員は容易だったし、時には十万もの大軍を徴用するのも可能だったということはま

ちがいないと思う。広域の支配権を持つ信長は、常に敵を上回る兵力をもって戦いに臨むことができたのである。

元亀元年（一五七〇）六月の小谷城攻めは姉川の戦いとなるし、天正三年（一五七五）五月の長篠城救援は長篠の戦いを引き起こす。どちらの遭遇戦も信長は、敵を大きく上回る兵力で戦い、勝利を収めることができた。

信長は遠征する時、常に数万の軍を編成し、戦闘の始まる前にしてすでに優位に立っている、という作戦を展開していたのである。

効果的な兵器の採用

信長は兵器に関しても、いかにして最大限の効力をあげうるか研究した。まず注目したのは、槍である。敵よりも長い三間半柄《え》の槍を足軽に持たせた。次に新兵器である鉄砲。これもできるだけ多数購入し、やはり足軽に持たせて集団戦法に用いた。これらの戦法については今まで繰り返し語られているので、ここでは取り上げない。ただ、長篠の戦いで鉄砲が最大限の効果をあげたことは確かだが、三段撃ちの通説は疑問点が多すぎて事実と認定しがたい、ということのみを繰り返し述べておくにとどめたい（第二章第四節―一）。

天正六年（一五七八）六月、九鬼嘉隆に造らせた鉄張りの大船に関しても、信長のアイディアとして何度も述べられてきた。これについても、果たして鉄張りだったのか、という疑問が一部にある。だが、二年前木津川口の海戦での完敗が毛利水軍の焙烙火矢《ほうろくひや》のためだったことを思い起こせば、それに耐え得る甲板を持った船を造りあげたはずである。部分的にしろ効果的に鉄を張り巡らせた船だったことは肯定してよいのではないだろうか（第二章第三節―三）。

信長の大船といえば、元亀四年（一五七三）五月に佐和山で造らせた船がある。長さ三十間（五四メートル）、幅七間（一三メートル）というから、九鬼に造らせた大船より大きい。この船は、この年の七月に将軍義昭を攻める時、佐和山から坂本までの水路に用いられた。さらに将軍追放後、信長と馬廻衆を高島郡まで運んでいる（第二章第二節―三）。

しかしこの船は、この時に用いられただけで三年後に解体され、早船十艘に生まれ変わった。「この上は大船いらず」という信長の意思である。本拠を安土《あづち》に移動させたこととも関係すると思うが、利用した結果、琵琶湖の中ではこんな大きな船は必要ない、との結論に至ったのだろう。

交通路の整備

近江は古代から交通の要衝だった。京都から東へ抜ける東海道・東山道（中山道）、北へ通じる北陸道・北国街道、さらにこれらの大道から枝分かれした多くの道が四方に伸びていた。

上洛を遂げた信長は、まず東方より京都に入る道を整備する。坂本・京都の間に位置する宇佐山に城を築くと、その麓から山中を経て北白川に通じる新道を造り、これまでの通路を遮断した（『多聞院日記』）。これは北陸道から京都への交通を掌握してしまうという意味を持つ。当時の信長にとって、京都と岐阜とを結ぶ東山道は彼の死命を制する通路である。浅井氏の裏切りにより近江支配が大きく後退した元亀元年（一五七〇）、彼は即座に東山道近辺に宿将を配置して通路を確保した（第二章第二節―一）。

天正三年（一五七五）から信長は、領国の道路の整備に精を出す。磨針峠《すりはり》（現彦根市）の切り通し構築、先に築いた山中道《やまなか》の改修、勢多橋《せた》（現大津市）の建設、尾張国中の道路の整備。これらは、商品の流通など経済的目的のほうに力点を置いた政策なのかもしれない。だが、こうした交通路の整備によって、軍の移動が速やかになされるようになったことも確かであろう。

将軍との対決の時、大船で一気に佐和山から坂本まで渡ったことは前述した。永禄十一年（一五六八）の上洛の時、信長は守山から大津まで船を利用している。以後も信長は、琵琶湖の水運を効果的に利用しようとしている。

戦国時代、琵琶湖の湖上権を握っていたのは堅田衆《かただ》である。信長は元亀元年に堅田衆の主立った者を味方にして、堅田を掌握した。これ以後信長は、琵琶湖の水運を思うままに操り、湖上から湖岸の敵を攻撃するなど軍事的にも利用している。

信長は水陸交通の要所である近江の交通路の整備に力を入れた。これは、彼が安土の地を本拠地とし、さらに晩年、近江とその近国を直接掌握しようとした構想と軌を一にするものであろう。

三、信長の戦術

性急な信長の攻城戦

信長は、野戦は得意だったが攻城戦は不得手だったといわれる。たしかに、信長の目覚ましい勝ちいくさとして語られている桶狭間の戦い・姉川の戦い・長篠の戦い、いずれも野戦である。それに対して、代表的な攻城戦であった本願寺攻めや小谷城攻めでは、長い年月を費やしている。特に本願寺は結局攻め切れず、朝廷を動かして講和を結ぶという結末だった。

本願寺や小谷城を攻略するのに手を焼いたのは事実だが、そのことだけで信長は「攻城戦は不得手」などという結論は出せないと思う。戦いにはその時その時の事情があるし、特に攻城戦では城によって攻め方が異なるからである。

だから、城攻めに長い年月を費やしたがゆえに、その戦いが不首尾だった、という評価にはならない。現に秀吉は、三木城攻めに一年と十カ月、鳥取城攻めに三カ月半も費やしているが、いずれも彼自身が後に自慢するほどの会心の戦いだった。味方の将兵を失わずに勝利を収めたのだから、たしかに自慢できる戦いといえる。

信長の戦歴全体の中で信長自身が直接指揮をとった攻城戦に限って見ると、長期にわたる包囲戦はごく少ないのである。永禄二年（一五五九）の岩倉城攻めと永禄十二年（一五六九）の伊勢大河内《おかわち》城攻め、天正二年（一五七四）の伊勢長島攻めぐらいである。長期戦の代表としてあげられている本願寺攻めでは信長自身による包囲はなかったし、小谷城攻めは何度も行われたけれど、ずっと包囲を続けたわけではない。

では、信長が得意とした攻城戦とはどんなやり方だったのか。圧倒的な大軍をもって敵城を囲み、力攻めで一気に攻略する、というパターンなのである。永禄十年の稲葉山城攻め、同十一年の箕作《みつくり》城攻め、天正元年の二条御所攻め・槙島《まきのしま》城攻めなど、即日あるいは短時日で決着をつけた城攻めである。

城攻めには、通常籠城軍の三倍の兵力が必要といわれている。これは、力攻めする時にも長期の包囲戦を展開する時にも当てはまるだろう。信長は、尾張一国時代から確実に支配圏を拡大していった。そのため、永禄十一年の上洛戦以後は、敵をはるかに凌駕《りょうが》する兵力をもって戦うことができた。

敵の何倍もの軍をもって城を包囲しても、信長は早期の決着を求めて、しばしば力攻めを敢行した。永禄十二年の伊勢大河内城攻めでは、八万余といわれる大軍で敵城を隙間なく包囲しながらも、彼は攻城戦十日目に夜討ち作戦に出て失敗した（第二章第一節―四）。天正六年の有岡城攻めでも、包囲後一ヵ月もたたない時に総攻撃をかけて、やはり失敗している（第二章第四節―四）。

信長が長期にわたる包囲戦の効果を理解できなかったはずはない。だが、嫌う傾向にあったとはいえる。

信長が長期の包囲戦を嫌いがちだったという現象は、彼自身の性格にもよると思うが、彼の置かれた立場についても考慮しなければならないだろう。つまり、元亀年間（一五七〇〜七三）の頃、彼は四方に敵を控えている立場だった。そして、その後にしても、天下人として中央を長く留守にできない立場だったから、長期の遠征は避けたかったのである。

上杉謙信は、しばしば関東を侵略した。半年前後も関東にとどまるということも珍しくなかった。武田信玄も、信濃遠征に数ヵ月も費やすことがあった。最後の西上の時も、出陣してから死ぬまで半年も甲府を留守にしている。だが信長はどうか。戦場で二ヵ月以上過ごした経験は、元亀元年（一五七〇）の志賀の陣の時と、天正二年の長島攻めの時、たった二度しかないのである（第二章第二節―二、第三節―一）。

長期の包囲戦が場合によっては必要なことを知っていながらも、彼は長期戦のできない立場にいる。それでいて彼は、自ら戦いに決着をつける快感を求めていた。天正十年の武田攻めの時、しつこく信忠を押し止どめて自分で最後の仕上げをしようとする彼の執着が数通の書状に語られている（第二章第五節—四）。彼の中にあるそうした矛盾が、時には無理な城攻めの形で現われたのではないだろうか。

一方、部将に指揮を任せた包囲戦では長期戦がかなり多く見られる。例えば、丹羽長秀による佐和山城攻め（元亀元年〜二年）は七ヵ月余りかかっているし、羽柴秀吉の三木城攻め・鳥取城攻めは、先に述べた通り長期にわたっている。嫡男の信忠に任せた美濃岩村城攻め（天正三年）も六ヵ月ほど費やしている（第二章第四節—一）。有岡城攻めは、最初のうちは信長自身が出陣したが、その後の大半は信忠に主将を任せ、じっくりと包囲させている（第二章第四節—四）。

こうした戦いを認めているということは、信長が戦術としての包囲戦の効果を十分に知っていたことを示している。息子や部将が長期にわたる包囲戦を行うのはよい。だが、自分自身が長い間一ヵ所にとどまっていることはできなかった。信長の軍団が大きく膨れ上がり、各方面での戦いを信忠や部将に任せるようになって、信長軍の長期にわたる攻城戦が多くなるのである。

好機を逸せぬスピード攻撃

圧倒的な大軍で一気に敵城を力攻めすることを得意とした信長だが、力攻めは味方の兵も多く失いがちなので、決して経済的な方法ではない。しかし信長の力攻めは、決してがむしゃらな攻撃ではなく、周到な計画のもとに行われたように思われる。つまり、まず目標とした敵城を一気呵成《かせい》に落とし、周囲の敵の度肝を抜いて退散させてしまうという作戦なのである。

信長の上洛をさえぎろうとした六角氏は、本城である観音寺《かんのんじ》城の前衛として和田山城に大勢の兵を入れていた。だが信長は、そこには押さえの軍を置いただけで、観音寺よりさらに奥に位置する箕作城に攻めかかり、一気に葬り去った。この勢いを見て、六角承禎《じょうてい》父子は観音寺城を捨てて逃亡してしまった（第二章第一節—三）。

元亀元年（一五七〇）四月の越前遠征の時、信長軍が最初に攻撃したのは天筒山《てづつやま》城だった。ここで彼は一千以上の敵を討つという力攻めを敢行した。その日のうちにこれを落としてしまうと、周囲の金《かね》ケ崎《さき》城にしろ疋壇《ひきた》城にしろ、もう戦意が萎《な》えてしまっていた（第二章第二節—一）。

極端だったのは、天正三年（一五七五）の越前一向一揆討伐の時である。先鋒部隊が杉津《すいづ》砦を一気に落としただけで、信長の進路をふさいでいた木ノ芽峠の城砦の守兵のほとんどが逃げてしまった（第二章第三節—一二）。

一度に二つの敵城に臨む時、そのうちの一つを重点的に攻撃する。情け容赦なく城兵を討ち取って落としてしまうと、もう一つはわけなく降参する。近江の志村城・小川城攻め、播磨の神吉《かんき》城・志方《しかた》城攻めがそれで、目標にされた志村城・神吉城の不運というほかない（第二章第二節―二、第四節―四）。

信長は、こうした効果を考えての上で、その場では犠牲の大きい力攻めをあえて敢行したのであろう。

信長の攻撃の特徴は、そのスピードにある。圧倒的な兵力に加えスピードがあるからこそ、目標として置いた敵城を一気に力攻めするという作戦が功を奏したといえる。

例えば永禄十年（一五六七）の稲葉山城攻め。美濃三人衆が信長に内通してきた。信長は人質受け取りの使を派遣する。その人質が到着しないうちに、信長の軍が稲葉山城を攻撃した。そして短時日のうちに落城させた。このスピードぶりには、降参した美濃三人衆も度肝を抜かれたという。十年間を越した美濃斎藤氏との戦いも、最後はこの速攻作戦によりあっけない結末を遂げたのである（第二章第一節―二）。

元亀元年（一五七〇）六月、江北の有力国衆堀氏が味方になったと聞くや、信長はすぐに軍を率いて近江に入り、小谷城を囲む。最後の朝倉・浅井氏との戦いとなった天正元年（一五七三）八月の江北出陣も、阿閉《あつじ》氏の内通がきっかけだった。この時は、注進を受けた日の夜にもう出陣している（第二章第二節—三）。

好機を逸せぬスピードは、尾張一国時代から信長の身上だった。赤塚の戦い・萱津《かやづ》の戦いにはじまって、稲生《いのう》の戦い・浮野の戦い、どれを見ても信長は好機と見るやすぐに行動を起こしている。森部《もりべ》の戦いなどは、宿敵斎藤義龍の死を聞くや否や出陣したものらしい（第二章第一節—一、二）。

父信秀が死んで信長に弾正忠家の運命が委ねられた時から、信長には二つの教訓が体得されていたように思われる。その一つは、決して居城に敵の攻撃を受けないこと、もう一つは、時を逸せず戦いに臨めば死中に活を得るということである。前述した赤塚の戦い以下の尾張での戦い、そして桶狭間の戦いも、この教訓を生かした戦いだったといえるだろう。

行動を起こすのも早いが、進軍するのも速い。永禄十二年正月早々、三好三人衆らが将軍義昭のいる六条本圀寺《ほんこくじ》を攻撃した、という報を受けた信長は、「三日路《みっかじ》の所二日」で岐阜より京都まで出陣した。

序章に述べた天正元年八月の朝倉追撃戦。朝倉軍が退却したと見るや、信長は馬廻だけを率いてそれを追う。途中、部将を叱りつけるという時間的ロスがあったにもかかわらず、刀禰《とね》坂あたりで敵に追いつくことができた。信長軍の進軍するスピードが朝倉軍の退却よりずっと速かったのである。

この追撃戦で信長は、部将たちを置いてきぼりにして進撃する。これも信長がしばしばとったパターンである。馬廻だけを率いて、先に進んでしまうのである。だが、親衛隊だけでは敵の大軍と戦うことはできない。途中で後続の兵を待って、軍を整えてから戦いに臨む。永禄三年の桶狭間の戦い、永禄十二年の将軍救援、天正四年の天王寺城後巻《うしろま》きなどがそうした例である。

桶狭間の戦いの時は、清須城を出陣した時、従う者はわずか五騎にすぎなかった。その後、善照寺砦で後続の兵の到着を待ち、軍を整えた。約二千の兵が集まった時、信長は出撃を決めた。わずか二千でも精鋭の集団だから、今川軍の前衛部隊を撃破できると読んだからである（第二章第一節―二）。

天王寺城後巻きの時は、若江に一日逗留しても三千しか集まらなかった。それでも信長は進撃を命じた。相手が一揆勢ならば、専業武士三千で十分と考えたのである（第二章第三節―三）。

このように信長は、出陣した時、軍勢を整えた時、臨機応変に作戦を練り直しながら戦いに臨んだ。素早く動いていながらも、彼の頭脳は常に敵味方の戦闘力を観察しており、出撃の時を見計らっていたのである。

総括して見ると信長の戦術は、広域の領国支配を背景とした圧倒的な大軍を編成する、という物量作戦が中心である。しかし彼は敵と味方の戦力を、単なる兵力にとどまらず、質的に分析した上で行動を起こした。そしてその行動は、いかなる戦国武将のそれよりもタイミングよく、またスピードにあふれていた、といえると思う。

第四章　信長を継ぐ者

一、豊臣秀吉の戦略・戦術

信長から学んだスピード移動

備中高松の陣で本能寺の変報を聞いた秀吉は、すぐさま毛利氏との和睦のため行動を開始する。そして、毛利軍が高松表から撤退するのを見て、自分も東に向けて軍を動かす。いわゆる「中国大返し」である。その日のうちに沼城《ぬま》（現岡山市）に入り、翌朝そこを出発。激しい風雨をついて夜には姫路城に到着する。沼・姫路間は約七〇キロメートル。驚くべき強行軍である。兵の大部分は置いてきぼりを食い、主将に遅れて三々五々姫路城にたどり着いたという。

信長はチャンスと見るや、どんな悪天候にもかかわらず居城を駆け出した。そして途中で止まって軍を整えた。まさに秀吉は、信長のやり方を見倣ったのである。山崎の戦い（天正十年六月十三日）という天下分け目のいくさに臨んだ時だけに、中国大返しは秀吉の非凡さの証しとして喧伝されているが、信長がしばしば見せたものとそっくりなパターンにとどまっている。だが、翌年の賤《しず》ケ岳《たけ》の戦い（同十一年四月二十日〜二十四日）の時の秀吉の大返しは、ただ信長に倣っただけのものではない。

秀吉はこの時、柴田勝家の軍と対峙している北近江から十三里（約五二キロメートル）を隔てた大垣にいた。柴田軍の攻勢を聞くや、ひと足早く伝令を出発させ、その十三里の間の沿線の農民たちに米の炊き出し、馬の飼料の供給、馬の用意、松明《たいまつ》の点火などを命令させる。そのため、その後の秀吉軍はスムーズに進軍することができた。わずか五時間で、一万余の兵が戦場に到着したという。さすがの信長にも、このように大軍全体をスピーディーに移動させたという例はない。

秀吉は信長に仕えながら、その戦術を学んだ。なかでも、主将が先頭に立って素早く軍を移動させること、戦機と見るや一刻も猶予せず敵を攻撃することが、信長の輝かしい戦歴を生んだと理解していた。

信長の生前、秀吉が中国方面で行った戦いに、すでにその教訓は生かされている。鳥取城を開城させた後すぐに伯耆《ほうき》の羽衣石《うえし》城救援に向かい、兵糧《ひょうろう》を入れるとさっさと引き揚げたあたり、敵方の吉川《きっかわ》元春はただ翻弄されるばかりであった。

そして信長の死後、賤ヶ岳の戦いの時の大返しで、秀吉はその経済感覚と現実直視の力量をいかんなく発揮し、一万余の大軍を一気に五〇キロメートル余りも移動させた。秀吉が戦術の一面で信長を超越した戦いであった。

秀吉の得意な兵糧攻め

信長自身が指揮した城攻めには、長期にわたるものが少ない（第三章―三）。秀吉はどうか。かなり多いのである。

信長の生前においても秀吉は、播磨三木城攻め、因幡鳥取城攻め、いずれも長期にわたる兵糧攻めで開城させた。「三木の干殺《ひごろし》、鳥取のかつや（飢）かしごろし」「太刀も刀もいらず」と後に家臣に自慢するほど、秀吉にとって会心の戦いだった。高松城の水攻めにしても、本能寺の変がなかったなら、長期の兵糧攻めになっていたはずである。

秀吉の水攻めといえば、天正十三年（一五八五）の紀州討伐戦の時の太田城（現和歌山市）攻めも有名である。これは一ヵ月ほどで決着がついたが、他の敵城は力攻めでたちまちに攻略したにもかかわらず、主城でもない太田城にだけ持久戦をとった。秀吉は信長とちがって、こうした太刀も刀もいらない戦いに快感を覚えていたのかもしれない。

実質上天下統一の仕上げとなった天正十八年の小田原城攻めも長期戦だった。これも一気に山中《やまなか》城などの支城を落とすと、海陸両方からじっくりと包囲している。城方も籠城に慣れているだけに、一年分以上の兵糧の用意があったということだが、攻める秀吉方も二十六万の大軍が一年かかっても食べきれないほどの米を調達していた。はじめから長期の包囲戦を計画していたのである。

信長は長期の包囲戦を嫌った。それには理由もあったが、彼の性格にもよるのだろう。それに対して秀吉は、この戦法を好んだ。城攻めに関しては、両者は対照的だったといえる。

秀吉の寛容戦略

信長は、天皇権威を利用してきたが、その晩年には一歩距離を置いた感がある。右大臣を辞して以来四年間、とうとう律令制の官職には就かないで終わった。それに対して秀吉は、関白太政大臣にまで上りつめた。一面的な評価にすぎないが、秀吉のほうが朝廷と深く結び付いたということができる。

朝廷との関係について述べると繁雑になるので、ここではこれぐらいにとどめ、統一戦のやり方、言い換えれば周囲の戦国大名を屈伏させる方法が、信長と秀吉とでは大きく異なることについて論じたい。

信長は、対抗した戦国大名は必ず滅亡させた。斎藤氏・朝倉氏・浅井氏・武田氏、そして本願寺とは講和という形をとったものの、大坂の地から逐《お》って俗的な権力を奪い去った。本能寺の変の時に戦っていた上杉氏・毛利氏にしても、信長がなおも生きていたなら、滅亡に至っていたかもしれない。

それに対して秀吉は、占領地を削るにしても、その存続を脅かすことは少ない。毛利氏・上杉氏とは、本能寺の変の後講和の方向に向かい、いつのまにか臣従させている。長宗我部《ちょうそかべ》氏にしても、島津氏にしても、本国だけは安堵されて存続を許されている。統一の締めくくりとなった、北条氏と陸奥の大名数家だけは例外で、滅亡に追い込まれている。

天正十三年（一五八五）長宗我部氏討伐戦、同年の佐々成政討伐、島津氏相手の九州陣、いずれも秀吉は、敵を追い詰める前に降参を受けている。いったんは逆らっても、降参すれば家の存続と本国の領知を許してくれる。これを宣伝材料にしたからこそ、スムーズに統一戦が進んだといえる。もしかすると、そうした宣伝も必要がなくなっていたことが、北条氏の不運だったといえるかもしれない。

秀吉は、敵対者を追い詰めることなく、天下統一の事業を進めていった。信長なら押し潰したかと思われるケースでも、秀吉は一歩譲った形で戦いを終わらせた。ここにも秀吉が信長を倣うだけでなく、信長を凌駕しようとする姿勢が見られると思う。

二、徳川家康の戦略・戦術

勝れた判断力とスピード対応

家康が信長から学んだ戦術といえば、秀吉と同じく軍勢をスピーディーに動かす判断力をあげねばならない。秀吉の二度の大返しのような派手な戦歴はないが、いざという時の家康の動きを見ると、他の武将が真似できないほどの素早さがある。

本能寺の変を堺の地で聞くや、すぐに伊賀越えで畿内を脱出、翌々日に早くも岡崎城に入ったことも素早いが、その後、弔い合戦の軍勢を集めて十四日には上方へ向けて出陣している。秀吉の中国大返しがなければ、家康が光秀と決戦していたかもしれない。その後の動きも見事である。山崎の戦いの結果を知って浜松に軍を収めるが、旧武田領の信濃・甲斐が空いているのを見ると、今度はそちらに軍を進め、一ヵ月のうちに両国を自領に組み入れてしまった。ライバルだった北条氏が手も足も出せない速攻作戦だった。

小牧《こまき》（現愛知県小牧市）の戦いの時も、家康は素早い動きを見せる。織田信雄が三家老を誅殺して秀吉と袂を分かったのが天正十二年（一五八四）の三月六日。それを知った秀吉は早くも十日に大坂を出陣するのだが、家康はさらに早く、七日に浜松を出陣して十三日に清須で信雄と合流している。

この小牧の戦いのクライマックスは、四月九日の長久手《ながくて》（現愛知郡長久手町）の戦いである。この時家康は、四月八日の夜に小牧山を下り、明ける前に小幡城《おばた》（現名古屋市守山区）に入った。そして、早朝に城を出陣、池田恒興らの指揮する秀吉別働隊を長久手で撃ち破ったのである。敗戦を聞いた秀吉が長久手に向けて軍を派遣したが、もうその時、家康は小幡城に戻っていた。戦い上手な秀吉も、この時はすっかり家康に翻弄された形だった。

好機を待つ忍耐力

信長は長期にわたる戦いを好まなかったけれど、家康は、いくら長陣になっても好機と判断しない限り戦いを仕掛けなかった。先に述べた小牧の戦いの時も、長久手で戦った時を除いて、約三ヵ月間小牧山を動かなかった。敵は十万、味方は一万数千、遭遇戦なら勝ち味はない。家康はずっと好機のおとずれるのを待ち続けたのである。

秀吉軍の尾張撤退に応じて家康は小牧山を下り、清須城に本拠地を移したが、それでもなお彼は尾張を去らなかった。浜松城に戻ったのは、十一月二十一日、なんと八ヵ月半ぶりの帰城だった。

さらにその後も家康は、秀吉に屈してはいない。同盟している信雄はその年のうちに秀吉と講和するものの、家康はなおも講和を拒み続ける。信長とちがって秀吉なら、力ずくで押し潰そうとはしない、と相手を見ているのである。秀吉の招きに応じて上洛し、臣従の意を示したのは、天正十四年（一五八六）十月、なんと小牧の戦いが始まってから二年七ヵ月後のことであった。

家康の攻城戦といえば、大坂の陣がまずあげられるだろうが、これは時期的にずっと後のものなので例として取り上げない。若い頃の家康の攻城戦の代表として、遠江高天神《たかてんじん》城攻めを見てみよう。

この戦いは、やはり長期にわたっている。城の包囲を始めたのが天正八年六月、兵糧攻めにして、ついに落城させたのは、翌年の三月である。この間九ヵ月。家康がずっと包囲陣にいて指揮をとっていたわけではないが、根気のいる攻城戦だった。

家康の戦いは、好機と見るやいち早く行動を起こすあたり、信長と共通するものがある。しかしその一方、彼は、長期戦をも悠々としのぎながら機会を待つという一面をも持ち合わせていたのである。それこそ家康が信長を凌いだ一面である、と評価できるであろう。

おわりに

七年前に『織田信長家臣人名辞典』(吉川弘文館)を出して以来、十冊近くの本を書かせていただいた。その中には、秀吉に焦点を当てたものや戦国時代全体をテーマとしたものもあるが、私が比較的自信を持って読者の方々に披露できるのは、やはり信長に関する著作である。

信長について書くならば、彼の合戦を再現してみたい。これは私ばかりでなく長年信長を研究してきた者の、共通した目標ではないだろうか。信長という人物の真骨頂があからさまに現われる場は、やはり彼が生涯を通じて行ってきた合戦だからである。

三年前には、中公新書『信長の親衛隊』を書き上げた。それはそれで書き甲斐があったし、まとまりのない内容だったのにもかかわらず、出版社の努力のおかげで版を重ねることができた。しかし、テーマは信長の側近たちの活躍ぶりだったので、信長からはやや焦点をずらさざるをえなかった。それに前後して、『歴史群像シリーズ』(学習研究社)、『別冊歴史読本』(新人物往来社)などの雑誌に、合戦を中心とする信長の生涯やいくつかの信長の合戦を書かせていただいたが、まだまだ書き足りないことがたくさんあった。

今年の二月、中央公論新社の高橋真理子さんから連絡があって、信長の合戦そのものを書かないかという。信長を研究してきた者にとって、これほどうれしい話はない。公務で多忙の身である上、転勤が決まってより余裕がなくなることはわかっていたが、二つ返事で引き受けることにした。

夏休み中に集中して書き上げるつもりでいたが、テーマが私の興味と合致していたせいか、思いのほかスムーズに筆が進み、夏休み前にはほぼ書き終えることができた。しかし、なにしろ日本の半分を舞台とし、かつ三十年間にもわたった内容なので、地名の確認、人名の整理など校正の方の手を煩わせることが多く、その後かなりの日にちが経過してしまった。

今、最終ゲラに目を通し、何となく不安を感じる。信長の研究家は大勢いる。この本のような基本的なテーマは、その誰もが心に温めているにちがいない。果たして自分が適役だったのだろうか。

だが、ただ一つだけは認めていただきたい。それは、私がずっと続けてきた基本的姿勢、つまり良質の史料にこだわって書いたものだということである。だからこの本は、これから信長の合戦を研究する際の、少なくとも「叩き台」にはなるだろうと思う。

この通り、大勢の方のご叱正が予測される著作なのだが、何とか発刊の運びになった。ご尽力いただいた方々、なかでも、原稿枚数の超過など私のわがままを温かい笑顔で受け入れて下さった、中央公論新社の高橋真理子さんにお礼を申し上げたい。

平成十三年十二月

谷口　克広

『織田信長合戦全録』年表

（ ）内の記載はすべて第二章。○囲みは閏月

年号	西暦	齢	信長の合戦事蹟	関係事項
天文3	一五三四	1	5・? 尾張勝幡城に生まれる。幼名、吉法師	幼年時、那古野城を譲られる
15	一五四六	13		父の居城古渡城で元服、三郎信長を名乗る
16	一五四七	14	初陣として出陣。三河大浜城を攻撃する	
17	一五四八	15		父信秀と美濃の斎藤道三が和睦。道三娘（濃姫・帰蝶とも）と婚姻成立
18	一五四九	16		三河安祥城が今川氏に奪われる 11月 熱田八ヵ村中に制札を下す（初見文書）
21	一五五二	19	3・3 父信秀が末森城で没し、信長家督を継ぐ 4・17 赤塚で鳴海九郎二郎と戦う（第一節―一） 8・16 萱津で清須軍を破る（第一節―一）	
22	一五五三	20		4月下旬 富田聖徳寺で斎藤道三と会見する 7・12 清須城内で守護斯波義統殺害さ

			7・18 清須軍を成願寺で破る（第一節―一）	れる（第一節―一）
23	一五五四	21	1・24 今川方の村木城を攻略する（第一節―一） 4・20 叔父信光、信長と謀り、清須城を占領する（第一節―一）	5月 那古野城を信光に譲り、清須城に移る（第一節―一） 11・26 信光、家臣に暗殺される（第一節―一）
弘治元	一五五五	22		7・6 叔父信次の家臣、弟秀孝を誤殺するにより、信次、守山城を出奔する
2	一五五六	23	8・24 稲生で林・柴田軍を破る（第一節―一）	4・20 斎藤道三、子義龍と戦い、敗死する 6月 異母兄秀俊、家臣に暗殺される
永禄元	一五五八	25	7・12 浮野で岩倉軍を破る（第一節―一）	11・2 弟信勝（信行）を清須城に招いて殺害する（第一節―一）
2	一五五九	26	春？ 岩倉城を攻略する（第一節―一）	2・2 上洛して、将軍義輝に謁見する
3	一五六〇	27	5・19 桶狭間で今川義元を破る（第一節―一）	
4	一五六一	28	5・14 森部で斎藤軍を破る（第一節―二） 5・23 十四条・軽海で斎藤軍と戦う（第一節―二）	5・11 斎藤義龍没する
5	一五六二	29		1・15 清須城で松平元康（徳川家康）

				と会見、同盟を結ぶ
6	一五六三	30		この年か、小牧城に移る
7	一五六四	31	8月頃　犬山城を攻略する（第一節―二） この頃　鵜沼城・猿啄城を降す（第一節―二）	2・6　竹中重治、稲葉山城を占領する 9・9　上杉謙信に近況を知らせる
8	一五六五	32	9・28　堂洞城を攻略する（第一節―二）	5・19　将軍義輝、松永久秀らに襲殺される 7・28　将軍の弟覚慶（後の足利義昭）、奈良を脱出し、近江矢島に逃れる 11・13　養女を武田勝頼に輿入れさせる
9	一五六六	33	⑧・8　河野島で斎藤軍に敗れる（第一節―二）	9・8　足利義昭、越前に移る
10	一五六七	34	春　滝川一益を伊勢に派遣する（第一節―四） 8月　北伊勢に出兵する（第一節―四） 9月　稲葉山城を攻略する（第一節―二）	11・7　本願寺顕如より太刀・馬等を贈られる 11月　初めて「天下布武」の印章を用いる
11	一五六八	35	2月　北伊勢に出陣、神戸氏・長野氏を降す（第一節―四） 9・7　岐阜を出陣、上洛の途につく。9・12　箕作城を攻略。9・26　上洛（第一節―	7・25　足利義昭、岐阜に到着する 10・18　足利義昭、征夷大将軍に就任す

年号	西暦	年齢	事項	事項
			三） 10月 畿内を平定する（第一節—三）	る 11・26 京を発し、岐阜へ下向
12	一五六九	36	8・28 北畠氏の大河内城を包囲する。10・3 大河内城開城（第一節—四）	1・5 三好三人衆らが六条本圀寺に将軍義昭を襲う 2月 将軍御所の建設を始める 10・17 将軍義昭と衝突し、京より岐阜へ戻る（第二節—一）
元亀元	一五七〇	37	4・20 京都を出陣。4・25 天筒山城を攻略。4・30 浅井の離反により京都に戻る（第二節—一） 5月 琵琶湖南岸に宿将を配置する（第二節—一） 6・4 佐久間信盛・柴田勝家、野洲川表に六角軍を破る（第二節—一） 6・28 姉川に朝倉・浅井連合軍を破る（第二節—一） 8・26 三好三人衆らを野田・福島の砦に攻める（第二節—二） 9・12 本願寺、敵対して信長軍を攻撃（第二節—二）	1・23 五カ条の条書を将軍義昭に承認させる（第二節—一） 2・30 上洛。3・1 参内する（第二節—一）

			9・20 坂本・宇佐山の戦いで森可成が戦死する（第二節―二） 9・24 比叡山麓に着陣、朝倉・浅井軍と対峙する（第二節―二） 11・21 長島一向一揆、織田信興を攻め、自殺させる（第三節―一） 11・26 堅田の戦いで、坂井政尚が戦死する（第二節―二） 12・13 朝倉・浅井氏と和睦成立（第二節―二）	
2	一五七一	38	5・6 木下秀吉、箕浦で浅井軍を破る（第二節―二） 5・16 長島を攻撃。追撃されて敗戦（第三節―一） 9・12 坂本・比叡山を焼き討ちする（第二節―二）	
3	一五七二	39	3・7 江北出陣、余呉・木ノ本近辺を放火する（第二節―二） 7・20 江北出陣、小谷城を攻撃。9・16 江北より岐阜城に帰陣（第二節―二）	3・24 京都の信長邸の工事が始まる 5・13 将軍義昭、武田信玄に返書し、信長の討伐を依頼する 9月 十七カ条の条書を将軍義昭に送る（第二節―三） 10・3 武田信玄、甲府を出陣する（第

			12・22 三方原の戦い。織田・徳川連合軍敗れる（第二節—二）	二節—二） 10月 毛利氏・浦上氏・宇喜多氏、講和する
天正元	一五七三	40	2・24 織田軍、石山・今堅田城を攻撃（第二節—三） 4・4 上洛して、上京に放火する（第二節—三） 7・9 大船を利用し、上洛する。7・18 槙島城攻略、将軍義昭を追放する（第二節—三） 8・10 江北出陣。8・13 朝倉軍を追撃する。8・20 朝倉氏滅亡。9・1 浅井氏滅亡（序章、第二節—三） 9・26 北伊勢と長島を攻める。10・25 帰陣の途、長島の一揆と戦う（第三節—一） 11・16 若江城陥落し、三好義継自殺。12・26 松永久秀多聞山城を開き、降参（第二節—三）	4・12 武田信玄、信濃駒場に没す 8月下旬 前波吉継を越前守護とし、朝倉旧臣を越前に封じる
2	一五七四	41	2・5 明知城救援のため出陣、失敗（第四節—一） 4・12 織田軍、本願寺と高屋城を攻撃（第三節	1・19 越前守護前波吉継、富田長繁に攻め殺される（第三節—二） 3・28 東大寺の名香蘭奢待を切り取る

			―三） 6・14　高天神城救援のため出陣、失敗（第四節―一） 7・14　長島を包囲する。9・29　長島を殲滅する（第三節―一）	4月　越前が一揆持ちの国になる（第三節―二） 11月　荒木村重に摂津の一職支配権を与える
3	一五七五	42	4・8　高屋城と本願寺を攻める。4・19　三好康長、降伏する（第三節―三） 5・21　長篠の戦いで武田軍を破る（第四節―一） 8・15　越前の一向一揆を攻撃する。その後、さらに殲滅戦を続ける。8・23　加賀に兵を出し、二郡を平定（第三節―二） 9月　明智光秀、丹波に入国。10月　赤井直正と闘う（第四節―三） 10・21　本願寺と講和する（第三節―三） 11・21　信忠軍、岩村城を開城させる（第四節―一）	3・23　塙直政を大和の守護に任じる（第三節―三） 9月　越前に柴田勝家らを分封し、加賀を簗田広正に委ねる（第三節―二） 11・4　従三位権大納言に叙任。11・7　右近衛大将を兼任 11・28　嫡男信忠に織田家の家督を譲る
4	一五七六	43	1・21　明智光秀、丹波での戦いに敗れ、坂本城に戻る（第四節―三） 4・14　本願寺攻撃の軍を派遣する。5・3　塙	1月中旬安土城の築城を開始する。2・23　岐阜より安土に移る

			直政、本願寺との戦いで戦死。5・7 信長大坂へ出陣、本願寺軍を破る（第三節―三） 5月 佐久間信盛を大坂攻めの主将とし、天王寺城に置く（第三節―三） 7・13 和泉水軍、毛利水軍に木津川口で敗れる（第三節―三）	秋頃 簗田広正を召還し、柴田勝家に加賀平定を命じる（第三節―二） 11・25 信雄に命じて、北畠一族を滅ぼす
5	一五七七	44	2・16 雑賀討伐のため和泉に出陣。3・15 鈴木孫一らを降伏させる（第三節―三） 8・8 柴田勝家を主将とする軍を加賀に遣わす。9・23 柴田らの軍、上杉謙信の軍に追撃され、手取川で敗れる（第四節―二） 10・10 信忠の軍、信貴山城に松永久秀を滅ぼす（第四節―二） 10月下旬 羽柴秀吉、播磨に入国。次いで但馬へも軍を進める（第四節―四） 10・29 明智光秀、丹波に出陣、籾井城を攻める（第四節―三）	6月 安土山下の町に十三ヵ条の掟書を発する 9・15 上杉謙信、七尾城を攻略（第四節―二） 11・16 従二位に叙される。11・20 右大臣に任官
6	一五七八	45	2月 三木城の別所長治背く（第四節―四） 4月 羽柴秀吉・荒木村重、上月城後巻きに赴く（第四節―四）	1・1 安土に諸国の大名の祝賀を受ける 1・6 正二位に叙される

		7
		一五七九
		46
	5・1 信忠、播磨戦線援軍として出陣（第四節—四） 6・26 九鬼嘉隆の水軍、淡輪沖海戦で、一向一揆方の船団を撃破する（第三節—三） 7・20 信忠軍、神吉城を攻略（第四節—四） 10・4 斎藤新五郎、月岡野の戦いで上杉軍を破る（第四節—二） 10・22 羽柴秀吉、三木城兵の攻撃を撃退する（第四節—四） 11・6 九鬼の水軍、毛利水軍を木津川口にて撃破する（第三節—三） 11・9 荒木村重謀叛により、有岡に向け出陣。12・8 有岡城に攻撃をかけ、失敗する（第四節—四）	3・5 再び有岡表に出陣（第四節—四） 3月 宇喜多直家、織田方となり三星城を攻撃（第五節—二） 6・1 明智光秀、八上城を開城させる（第四節—三） 8・9 明智光秀、黒井城を攻略する（第四節—三）
	3・13 上杉謙信、春日山城に没す 4・9 右大臣・右近衛大将の官を辞す 9・30 堺に下り、九鬼の船団を視察する（第三節—三）	5・11 安土城の天守に移る 5・27 安土宗論

			9・2 荒木村重、有岡城を出て尼崎城に移る（第四節―四） 9・10 羽柴秀吉、平田砦で三木城兵および毛利軍等を撃退する（第四節―四） 9・17 信雄、伊賀を攻め、敗れる（第五節―一） 11・19 有岡城開城する（第四節―四）	11・5 二条邸を皇太子誠仁親王に譲る 12・13～16 荒木の一族郎党を処刑する
8	一五八〇	47	1・17 羽柴秀吉、三木城を開城させる（第四節―四） ③・5 本願寺と和睦、4・9 顕如、大坂を退去する（第三節―三） ③・9 柴田勝家、野々市砦を攻撃、加賀北部まで進攻。金沢御堂滅亡する（第五節―三） 8・2 教如、大坂を退去、本願寺焼亡（第三節―三） 11・17 柴田勝家、加賀を平定。一揆首謀者の首を安土に送る（第五節―三）	8月 佐久間信盛・林秀貞・安藤守就らを追放（第三節―三） 9・21 山名豊国、鳥取城を出奔（第五節―二）
9	一五八一	48	6・27 能登の遊佐氏を粛清する（第五節―三） 7月 越中の寺崎氏・石黒氏を粛清する（第五節―三）	1・15 安土で左義長を催す 2・28 京都で馬揃えを行う 2月 佐々成政を越中に封じる

			9・3 信雄を総大将として伊賀を攻撃。9・11 伊賀の平定が完了する（第五節—一） 10・25 羽柴秀吉、鳥取城を攻略する（第五節—二）	3・22 徳川家康、高天神城を攻略する 8月 前田利家を能登に封じる
10	一五八二	49	2・12 信忠、武田攻めのため岐阜を出陣。3・2 高遠城を攻略する（第五節—四） 3・5 武田攻めのため安土を出陣する（第五節—四） 3・11 武田勝頼自殺し、武田氏滅びる（第五節—四） 3月 柴田勝家、魚津・松倉城を囲む（第五節—三） 5・7 羽柴秀吉、高松城を囲む（第五節—二） 6・2 明智光秀軍に本能寺を襲われ自殺（終節） 6・3 柴田勝家、魚津城を攻略（第五節—三）	1・1 安土に諸国の大名の祝賀を受ける 1・15 安土で左義長を催す 3・29 武田氏の遺領に、滝川一益のほか信忠軍団の諸将を封じる 4月 東海道を回って凱旋する（終節） 5・4 三職推任の勅使を受ける（終節） 5・29 小姓だけを連れて上洛、本能寺に入る（終節）

谷口克広（たにぐち・かつひろ）

1943年（昭和18年），北海道室蘭市に生まれる．横浜国立大学教育学部卒業．戦国史研究家．
著書『織田信長家臣人名辞典』（吉川弘文館）
『目からウロコの戦国時代』（ＰＨＰ文庫）
『秀吉戦記』（学研M文庫）
『信長の親衛隊』（中公新書）
『信長軍の司令官』（中公新書）
『信長の天下布武への道』
（「戦争の日本史」13，吉川弘文館）
『検証 本能寺の変』（歴史文化ライブラリー）
『信長と消えた家臣たち』（中公新書）
『尾張・織田一族』（新人物往来社）
『信長の天下所司代』（中公新書）
『信長・秀吉と家臣たち』（学研新書）
『信長と家康の軍事同盟』（吉川弘文館）
『信長の政略』（学研）
『信長と将軍義昭』（中公新書）
『織田信長の外交』（祥伝社新書）
『天下人の父・織田信秀』（祥伝社新書）
ほか

織田《おだ》信長《のぶなが》合戦《かっせん》全録《ぜんろく》
中公新書 *1625*

2002年1月25日初版
2019年12月20日15版

著　者　谷口克広
発行者　松田陽三

本文印刷　三晃印刷
カバー印刷　大熊整美堂
製　本　小泉製本

発行所　中央公論新社
〒100-8152
東京都千代田区大手町 1-7-1
電話　販売　03-5299-1730
　　　編集　03-5299-1830
URL http://www.chuko.co.jp/

Published by CHUOKORON-SHINSHA, INC.
Printed in Japan　ISBN978-4-12-101625-6 C1221

日本史

d2

608・613 中世の風景（上下） 阿部謹也・網野善彦・石井進・樺山紘一
1503 古文書返却の旅 網野善彦
1392 中世都市鎌倉を歩く 松尾剛次
2336 源頼政と木曽義仲 永井晋
2526 源頼朝 元木泰雄
2517 承久の乱 坂井孝一
2461 蒙古襲来と神風 服部英雄
1521 後醍醐天皇 森茂暁
2463 兼好法師 小川剛生
776 室町時代 脇田晴子
2443 観応《かんのう》の擾乱《じょうらん》 亀田俊和
2179 足利義満 小川剛生
978 室町の王権 今谷明
2401 応仁の乱 呉座勇一
2058 日本神判史 清水克行

2139 贈与の歴史学 桜井英治
2481 戦国日本と大航海時代 平川新
2343 戦国武将の実力 小和田哲男
2084 戦国武将の手紙を読む 小和田哲男
2350 戦国大名の正体 鍛代敏雄
1625 織田信長合戦全録 谷口克広
1782 信長軍の司令官 谷口克広
1907 信長と消えた家臣たち 谷口克広
1453 信長の親衛隊 谷口克広
2421 織田信長の家臣団―派閥と人間関係 和田裕弘
2503 信長公《しんちょうこう》記《き》―戦国覇者の一級史料 和田裕弘
2555 織田信忠―天下人の嫡男 和田裕弘
784 豊臣秀吉 小和田哲男
2146 秀吉と海賊大名 藤田達生
2557 太閤検地 中野等
2265 天下統一 藤田達生
2372 後藤又兵衛 福田千鶴

2357 古田織部 諏訪勝則
642 関ヶ原合戦 二木謙一
711 大坂の陣 二木謙一